**PROFESSOR**
ISRAEL BATISTA

enem

Um livro para quem vai enfrentar o **ENEM** e outras provas da vida

**Recomendação:
Para jovens que estão
a fim de arrebentar!**

2017 ©
**Autor:** Israel Matos Batista
**Editor:** Roberta Densa
**Diretor Acadêmico:** Leonardo Pereira
**Assistente Editorial:** Paula Morishita
**Capa:** Leonardo Hermano
**Projeto Gráfico:** Formato Editora e Serviços
**Diagramação:** Formato Editora e Serviços
**Impressão miolo e capa:** Expressão e Arte

**Dados Internacionais de Catalogação na Publicação (CIP)**
**(Câmara Brasileira do Livro, SP, Brasil)**

Batista, Israel Matos
Vencer: recomendação: para jovens que estão a fim de arrebentar / Israel Matos Batista. – 1. ed. – Indaiatuba : Editora Foco Jurídico, 2017.

ISBN 978-85-8242-204-5

1. Educação 2. Educadores 3. ENEM - Exame Nacional do Ensino Médio 4. Histórias de vida 5. Jovens – Educação 6. Professores e alunos 7. Projeto Bora Vencer I. Título.

17-07295 CDD-306.432

**Índice para Catálogo Sistemático:**

1. Projeto Bora Vencer : Histórias de vida : Educação : Sociologia educacional   306.432

**DIREITOS AUTORAIS:** É proibida a reprodução parcial ou total desta publicação, por qualquer forma ou r sem a prévia autorização da Editora Foco, com exceção do teor das questões de concursos públicos que serem atos oficiais, não são protegidas como Direitos Autorais, na forma do Artigo 8º, IV, da Lei 9.610/1 Referida vedação se estende às características gráficas da obra e sua editoração. A punição para a violaçã Direitos Autorais é crime previsto no Artigo 184 do Código Penal e as sanções civis às violações dos Di Autorais estão previstas nos Artigos 101 a 110 da Lei 9.610/1998.

**NOTAS DA EDITORA:**

**Erratas:** A Editora se compromete a disponibilizar no site www.editorafoco.com.br, na seção Atualiza eventuais erratas por razões de erros técnicos ou de conteúdo. Solicitamos, outrossim, que o leitor fa gentileza de colaborar com a perfeição da obra, comunicando eventual erro encontrado por meio de mensa para contato@editorafoco.com.br. O acesso será disponibilizado durante a vigência da edição da obra.

Impresso no Brasil (08.2017)
Data de Fechamento (08.2017)

**2017**
Todos os direitos reservados à
Editora Foco Jurídico Ltda.
Al. Júpiter, 542 – American Park Distrito Industrial
CEP 13347-653 – Indaiatuba – SP
E-mail: contato@editorafoco.com.br
www.editorafoco.com.br

# Índice

*Apresentação* . . . . . . . . . . . . . . . . . . . . . . v
*Prefácio* . . . . . . . . . . . . . . . . . . . . . . . . . vii
*Introdução* . . . . . . . . . . . . . . . . . . . . . . . 1

CAPÍTULO 1
    A Casa Caiu . . . . . . . . . . . . . . . . . . 5

CAPÍTULO 2
    A Escola Era o Assunto do Jantar . . . . . . . . 9

CAPÍTULO 3
    E se Eu Estiver Sozinho?. . . . . . . . . . . . . 13

CAPÍTULO 4
    Minha Escola, Minha Vida. . . . . . . . . . . . 17

CAPÍTULO 5
    Um Voo Direto para o Sucesso . . . . . . . . . 23

CAPÍTULO 6
    De Volta ao Planalto Central . . . . . . . . . . 25

CAPÍTULO 7
    Trajetória de um Vencedor. . . . . . . . . . . . 29

CAPÍTULO 8
    Uma Conquista Não Valorizada . . . . . . . . 39

CAPÍTULO 9
    A Menina que Amava a Escola . . . . . . . . . 45

CAPÍTULO 10
    Eu Sou a Mudança . . . . . . . . . . . . . . . 49

CAPÍTULO 11
    Eu Escrevo a Minha História . . . . . . . . . . . . 55

CAPÍTULO 12
    *Yes, I can!* . . . . . . . . . . . . . . . . . . . . . 65

CAPÍTULO 13
    Eu Decidi Dar Conta . . . . . . . . . . . . . . 69

CAPÍTULO 14
    Trajetória de Duas Vencedoras . . . . . . . . . 73

CAPÍTULO 15
    Que Irmão eu Quero Ser? . . . . . . . . . . . 81

CAPÍTULO 16
    O Embaixador de Satanás... . . . . . . . . . . . 85

CAPÍTULO 17
    Mas Samambaia Não É Uma Planta? . . . . . . . 97

CAPÍTULO 18
    Trajetória de Uma Vencedora . . . . . . . . . . 105

CAPÍTULO 19
    Um Planeta Chamado *"Fome"* . . . . . . . . . 111

CAPÍTULO 20
    A Hora do Meu *Show*! . . . . . . . . . . . . . . 115

CAPÍTULO 21
    Trajetória de Um Vencedor . . . . . . . . . . . 117

CAPÍTULO 22
    Um Tapa de Luva na Cara do Preconceito . . . . . 121

CAPÍTULO 23
    Agora, Mãos à Obra: Bora Vencer! . . . . . . . . 127

# Apresentação

As histórias que você vai ler neste livro são verídicas. Viajei pelas páginas, não como um mero leitor. Na verdade, voltei no tempo. Mais precisamente à década de 1990, no fim da minha adolescência. Cresci com Israel em um bairro da periferia de Brasília, onde os sonhos que hoje são reais pareciam, por vezes, distantes.

Lembro quando, sentados na calçada ou voltando para casa de ônibus, falávamos dos nossos projetos. Confesso que suas ideias me contagiavam. Eloquente como sempre (nasceu professor!), me pegava às voltas com suas teses sobre a vida. De que havia outra realidade para além da nossa humilde vizinhança. Tinha toda razão!

Ele venceu. Mas não venceu sozinho. Motivou muitos pelo caminho. Eu sou um desses apaixonados por esta trajetória que merece ser contada e recontada. Vivi muitos dos momentos que ele descreve aqui. Sorri, chorei visitando as minhas lembranças.

Eu venci. E chegar até os personagens de sucesso das novelas não foi fácil. Mas, se posso citar um mérito, digo que não desisti. Em momento algum, mesmo quando o vento mostrava-se contrário.

E você, o que pensa para o futuro? Israel escreve sobre "propósito" e faz um resgate de uma juventude que, com as ferramentas certas, pode ser protagonista da própria história. Tinha que ser ele. Tem toda autoridade para falar de superação.

Vi o aluno de escola pública entrar na concorrida Universidade de Brasília, cujos assentos até então eram destinados aos filhos de quem podia pagar pelos melhores colégios.

Vi o estudante virar professor para que outros como ele pudessem ter a mesma oportunidade. Vi o professor querido ser alçado à política, para abrir os horizontes de milhares de jovens.

Educação é sua causa e vencer foi um destino inevitável. Conheço bem essa história... inspire-se, assim como eu. E vá à luta!

*Rainer Cadete*

# Prefácio

## VENCER

O que significa vencer?
O que significa perder?
Vitórias e derrotas parecem fazer parte da vida. Ora vencemos. Ora perdemos. Ora choramos as lágrimas da emoção da conquista, ora choramos as lágrimas da despedida do que imaginamos.

Frustrações fazem parte de nossa trajetória. Talvez porque, vez ou outra, colocamos nosso objetivo no lugar errado ou nos sentamos à espera de que alguém possa resolver por nós. Ou, ainda, estamos tão ausentes que ficamos incapazes de perceber nosso talento.

Este é um livro sobre talentos. Talentos que brotam quando se encontram mãos que semeiam.

Li, com atenção, o original do professor Israel Batista. Enlevei-me com as histórias de superação. Fiquei atento a cada relato e ao relato da vida do autor que, generosamente, partilhou suas quedas e recomeços. Seus medos e coragem. Sua sina vitoriosa de crer em si mesmo e no outro.

Conheço Israel há algum tempo. O professor Israel. Apaixonado por história e por gente. Vibrante quando fala de um tema que ocorreu em algum tempo e em algum espaço e que, por alguma razão, tem o poder de mudar o presente.

Conheço alguns de seus ex-alunos. É incrível o que ele foi capaz de despertar em adolescentes. A fremente aventura pelo conhecimento e pela convivência.

Israel é político, também. Carreira vitoriosa. Jovem deputado. Mandato dedicado a causas que dignificam. Educação, ciência e tecnologia, inclusão social, políticas públicas corretas. Carece o nosso país, carece o mundo de políticos com visão ampla, com postura digna, com poder inspirador.

Seu livro é uma inspiração. Em cada história, um incentivo. Em cada verdadeiro relato, uma porta para que adolescentes e jovens percebam que podem prosseguir, mesmo diante do chão pedregoso de suas histórias. Há muitos que se autossabotam temendo não ter as chances necessárias para vencer.

Israel quer provar que estão enganados. É possível vencer. A inteligência não é privilégio de alguns. Basta que se perceba a sua existência, que se confie em sua força para partir em busca do sonho.

É fácil? Não. E o livro deixa claro. Não se trata de um dizer ingênuo de que "quem quer consegue", mas de um dizer firme de "quem quer e se esforça e luta; então, consegue". Mesmo que sofra algumas derrotas. A maior derrota é desistir. É se apequenar diante do desafio. É não viver.

A vida é um caminhar constante. É uma trajetória cheia de possibilidades. E é para todos. Essa, aliás, é a beleza dos dois ofícios de Israel: professor e político. O professor é quem professa, é quem crê, é quem abre as janelas das possibilidades aos seus alunos. E o político é o que renuncia uma parte de sua vida para cuidar de muitas vidas. É um devoto do bem comum – o verdadeiro político, frise-se bem.

Boa leitura. Boa viagem pelas verdadeiras histórias que se cruzam com a história do autor. Bom alimento. A palavra, a boa palavra, nos faz bem. Energiza-nos para prosseguirmos. Melhorando a nós mesmos e ao mundo em que vivemos. Eis a nossa vocação, melhorar, melhorar sempre. Eis a nossa necessidade, encontrar um tema para viver. Em outras palavras, um sonho, uma aspiração. É assim que se chega a uma universidade, é assim que se inicia uma profissão. Imaginando que a nossa ação há de dignificar muitas vidas. Não há profissões mais ou menos dignas. Quem dá dignidade a uma profissão é quem a exerce!

Bora vencer.

*Gabriel Chalita*

# Introdução

É domingo. O relógio marca 15h. O auditório Master do Centro de Convenções Ulisses Guimarães, em Brasília, com capacidade para 2.800 pessoas, está completamente lotado. Cadeiras a mais precisam ser improvisadas, pois os assentos não comportam todos os jovens interessados na aula de Biologia.

Enquanto a professora Tatiana fala, o silêncio é absoluto. Olhos curiosos, ouvidos atentos – estão todos em transe. Os sentimentos e as reações são coletivos. Uma provocação da professora feminista, sobre o eterno conflito de convivência entre meninos e meninas, arranca gargalhadas unânimes da enorme "sala de aula". Mas, quando ela fala sério, passando conceitos ou explicando a matéria, só se ouve o som de milhares de canetas sobre as folhas de papel, em anotações frenéticas. Em seguida, a um comando da Tati – assim é chamada pelos alunos –, todos mudam a página da apostila ao mesmo tempo, causando um som maravilhoso de papel sendo dobrado.

Essa cena, para mim, foi tão comovente, que, quando me dei conta, precisei limpar os olhos marejados... A verdade era que eu me via em cada um deles. Lembrei-me de toda a minha trajetória: dos caminhos que tive que percorrer para passar no vestibular, da vida dura de estudante e trabalhador, da saga para obter meu diploma universitário, da emoção de ministrar minha primeira aula.

Aqueles meninos e meninas eram heróis começando sua jornada, tendo, em comum, a experiência da escola pública, da origem familiar humilde e da crença na superação social por meio dos estudos. Estavam ali, em plena tarde de um domingo ensolarado – na qual os prazeres da juventude costumam ser tão atraentes –, porque precisavam aproveitar a oportunidade de se preparar para o desafio do vestibular. Eles escolheram estar ali, com a Professora Tati, porque tinham uma enorme força de vontade: vontade de vencer.

Por todo o Brasil, espalham-se projetos sociais voltados para a preparação de jovens e adolescentes para os vestibulares e as provas do Enem (Exame Nacional do Ensino Médio). Professores corajosos dedicam seus finais de semana e horas vagas para diminuir a desigualdade de oportunidade de acesso ao nível superior público em nosso país. São educadores que não aceitam a sina imposta aos seus alunos pobres, pois sabem muito bem que ser pobre e de periferia não significa ser incapaz. Para tais mestres, a condescendência é um comportamento inaceitável e não admitem que as condições sociais e familiares de seus alunos sejam usadas como desculpa para que não se esforcem. Para tanto, exigem muito de alunos cujas famílias têm renda média de dois salários mínimos e defendem o alcance da igualdade de condições de disputa pela preparação de uma juventude tradicionalmente subestimada, pois acreditam em cada um deles.

Em Brasília, o projeto Bora Vencer atingiu mais de 25 mil alunos em diversas modalidades de ensino no ano de 2016. Executado pela Subsecretaria de Juventude – da Secretaria de Políticas para Crianças, Adolescentes e Juventude do Governo de Brasília – o projeto, idealizado por mim, atraiu um monte de gente sonhadora, que passa os domingos estudando em imensos auditórios, com o olhar atento aos professores (todos voluntários, oferecendo, ali, o melhor que podiam).

Sabemos que a realidade está em, diariamente, milhões de meninos e meninas pobres enfrentarem desafios imensos para poder estudar. Caminham longas distâncias, alimentam-se precariamente, defrontam com a necessidade de trabalhar para auxiliar suas famílias, pegam enormes filas para usufruir de direitos – como o transporte estudantil – e sofrem com o descaso de algumas autoridades que se mostram insensíveis a essa realidade. O sonho de romper com as amarras sociais que lhes foram impostas pelo nascimento é maior do que qualquer problema que apareça pelo caminho. A crença na educação, como mecanismo de superação social, é enorme! Percebe-se que há uma verdadeira ideologia por detrás desse movimento juvenil, que, ainda, tem criado uma nova identidade nessa geração que se forma: a educação é a única forma segura de ascensão social.

Meus pais sempre acreditaram nessa ideia, fiando-se no ensino de forma até radical. Se havia um motivo para que minha mãe se desentendesse comigo e com meus irmãos, era quanto ao nosso mau desempenho escolar. A escola era a nossa prioridade, já que acreditávamos que somente a entrada em uma universidade de respeito poderia nos retirar do roteiro destinado a pessoas com a nossa origem social: a vida sofrida e a exclusão social. Nossa família pôde experimentar a verdade vinculada a essa crença, pois, de fato, foi nossa formação educacional que nos alicerçou para que alcançássemos um lugar na sociedade. Conseguimos superar uma realidade de privações materiais e de exclusão social e econômica por meio da dedicação aos estudos. Nosso compromisso com a busca incessante pela instrução e pelo conhecimento pode não nos haver feito pessoas materialmente ricas, mas nos levou a conquistar a segurança como cidadãos dignos, financeiramente estáveis e socialmente admirados.

# CAPÍTULO 1

# A Casa Caiu

A luz entrava pelos furinhos do telhado de amianto, mostrando a manhã que despertava preguiçosa para um dia lindo de sol.

Acordei alegre, sabendo que mais um dia de diversões e deveres escolares se iniciava. Nós, os quatro filhos, dormíamos todos no mesmo quarto – ou "os dois casais de irmãos", como minha mãe gostava de dizer.

Estela, a mais velha de nós, levantou-se e foi à cozinha tomar água e, de lá, ouvimo-la dizer:

– Pai, tem um "arranhado" no chão.

Não entendemos nada... e, por isso, começamos a rir. Mal imaginávamos que se iniciava naquele momento uma aventura nas nossas vidas, pois a verdade era que a casa tinha caído!

Lembro-me de levantar, olhar atônito para o "arranhão" e perceber o ar de preocupação do meu pai. O barraco, construído numa encosta, não tinha sido feito adequadamente pelo pedreiro contratado a baixo custo para realizar nosso sonho da casa própria. A moradia partira-se ao meio, com as duas partes se deslocando devagarzinho em direções opostas, e metade despencaria morro abaixo se continuássemos ali. Teríamos de abandonar nossa casinha...

Voltei para Brasília, de onde houvera me mudado ainda bebê, com meus pais e irmãos, e fomos acolhidos com carinho por meus avós maternos. Sabiam que precisávamos de refúgio, pois estávamos vivendo um dos momentos mais terríveis de nossas vidas, porém, também, de grande crescimento para todos nós – como entenderíamos mais tarde.

Naquele momento, estávamos instalados provisoriamente num cômodo do sobrado inacabado dos meus avós. E, apesar de tão pequeno, lembro-me nitidamente da conversa séria que minha mãe teve comigo, explicando a difícil situação em que nos encontrávamos e o quanto teríamos de trabalhar para ajudar meu pai. Disse, ainda, que ficaríamos em Brasília até que resolvêssemos o problema da casa e, só então, poderíamos voltar para Anápolis, no interior de Goiás.

Percebi que ela estava cansada e aflita, mas que procurava manter o carinho e a doçura que sempre teve ao falar comigo. Então, houve um momento crucial da conversa, quando ela me falou sobre a escola e os estudos, explicando que esperava que voltássemos para nossa cidade em um ano e que já havia discutido com meu pai sobre o assunto. Eles concluíram que, caso fosse temporariamente interrompida, minha vida escolar não seria prejudicada, já que eu começara um ano mais cedo que as outras crianças. Disse, também, que se eu achasse difícil me adaptar a toda essa transformação, poderia interromper meus estudos e voltar à escola quando estivéssemos novamente em nossa casa.

Quando entendi toda a explicação, olhei para ela e falei, interrogativo:

– Mãe, a senhora sempre disse que nosso futuro está na escola. Mas agora disse que eu posso ficar um ano inteiro sem estudar?

– Sim, meu filho, mas é por conta das dificuldades. Acabamos de nos mudar e... pode ser que você não dê conta... – ela media as palavras, observando com cuidado minha reação.

– Eu quero continuar. Eu dou conta!

Foi o primeiro dos desafios que enfrentei, a primeira de todas as outras decisões que tomaria e que decidiriam o futuro da minha vida. Aos seis anos, eu já entendi que perseverar nos estudos e nunca os colocar em segundo plano me mostraria o lugar que eu queria ocupar no mundo.

Naquela semana, fiz um teste para estudar na escolinha perto da igreja que havia na vizinhança da casa dos meus avós. As professoras queriam saber meu nível de alfabetização, já que eu era um ano mais novo que as demais crianças da primeira série.

Consigo me lembrar de algumas das palavras do longo ditado que me impuseram: milho, óleo, arroz. Ao final, eu havia acertado todas e, na minha inocência, ainda tirei onda:

– É só isso, tia?

# CAPÍTULO 2

# A Escola Era o Assunto do Jantar

Na minha família, a escola sempre esteve no centro das atenções. Éramos muito pobres e convivíamos com pessoas bastante simplórias, mas minha mãe não se cansava de repetir:

– Nós somos humildes, mas todos vocês vão falar francês e se formar na universidade!

Conversávamos a respeito dos professores durante o jantar, e meus pais eram sempre participativos na vida escolar dos filhos.

A verdade é que minha mãe, que fora empregada doméstica – tendo de trabalhar desde os nove anos para ajudar na criação dos nove irmãos mais novos –, acabou por ter contato com pessoas de boa educação, as quais a inspiraram quanto à criação que deveria tentar dar aos próprios filhos. Sempre recordava conosco a vida sofrida que levara na infância, marcada pelo alcoolismo do meu avô e pela rudeza da minha avó, que segurava as pontas da enorme família. Dizia que a fé havia transformado sua vida e que, a partir de então, conseguira transformar a vida de todos, começando por seus irmãos – que passaram a ter alguma orientação de um missionário pentecostal –, depois por sua própria mãe – que conheceu a meiguice e a doçura na igreja – e, finalmente, por seu pai – que abandonaria o vício para se tornar um respeitável presbítero. É reconfortante pensar o quanto minha mãe sempre foi uma mulher inspiradora.

Meu pai vinha de uma família decadente de Minas Gerais. Nunca fora de falar sobre o próprio passado e só recentemente viemos saber que seus ancestrais eram gente refinada, dos tempos áureos da cafeicultura brasileira. Sei que meu avô Luiz era fazendeiro e dentista, além de um homem perdulário, que acabou por deixar poucos bens para os quatorze filhos, além da pobreza e da sensação de abandono – morreu antes do meu nascimento. Minha avó paterna, Adélia, faleceu quando eu era criança, e todos, inclusive minha mãe, referem-se a ela como uma santa. Uma característica que marcaria minha família paterna seria o amor à música, já que meu avô era acordeonista e minha avó, bandolinista e pianista. Meus tios e tias possuem um talento excepcional e alguns deles se tornaram músicos profissionais.

Eu e meus irmãos tivemos uma infância marcada pela musicalidade, com meu pai tocando violão e nos dedicando canções, as quais acreditávamos serem feitas exclusivamente para nós. A minha, cantada sôfrega ao violão, era de Orlando Silva, "... sertaneja, pra secar os seus olhinhos, vais ouvir os passarinhos que cantam mais do que eu...". Eu me emocionava com aquela homenagem reconhecida por todos da família, e fazia esse o meu momento. *Love Story*, de Francis Lai e Carl Sigman, era a da minha irmã Estela; *Se essa Rua Fosse Minha*, do meu irmão Thiago; e, para a caçula, Talita, *Tchau tchau Piquitita*.

Quando ele viajava a trabalho, o que ocorria com regularidade em seu emprego de representante comercial de um frigorífico, ficávamos quase doentes com a saudade que sentíamos. Certa vez, minha irmã caçula se curou de uma febre ao falar com ele por telefone, na casa de uma vizinha. Talvez, por ter tido pouca atenção da parte de seu pai, ele fosse tão apegado aos filhos. Chegava a gravar, durante horas a fio, nossas conversas de infância em fitas cassetes. Minha birra para comer, por exemplo, produziu áudios hilários – já que eu só queria a sobremesa. Há recordações guardadas da velocidade de raciocínio, da desconfiança e da timidez da Estela; das histórias de lobo mal do Thiago; das confissões de culpa da Talita, que sempre se condenava por qualquer malfeito, já que, por ser a caçula, não seria punida por eventuais peraltices. Meu pai, ao contrário da minha mãe – que era a mais velha dentre seus irmãos –, era o décimo terceiro filho, sendo o caçula dentre os meninos, com enorme diferença de idade em relação à irmã mais velha, a nossa tia Estela.

O casamento de meus pais foi a união de dois mundos diferentes, mas igualados pela pobreza, pela fé, pelos sonhos e pela enorme vontade que legariam aos seus filhos: a vontade de vencer.

## CAPÍTULO 3

# E se Eu Estiver Sozinho?

Acredito que você já saiba quem foi Machado de Assis, não é mesmo? Fundador e primeiro presidente da Academia Brasileira de Letras; autor de *Dom Casmurro*, *Memórias póstumas de Brás Cubas* e *O alienista*; fundador do Realismo brasileiro; funcionário público de destaque em ministérios; ganhador do grau de Cavaleiro da Ordem da Rosa, pelas mãos do próprio imperador do Brasil... – isso somente para citar algumas das grandes façanhas dele. Mas, de verdade, você sabe que foi Machado de Assis???

Primeiramente, preciso que você se lembre de que ele nasceu no ano de 1839, ou seja, antes da Abolição da Escravatura. O que isso tem a ver? Bem, Joaquim Maria (é esse o nome dele) teve por pai um filho de escravos, ou seja, o pai dele era negro. Tendo uma mãe de origem portuguesa – branca –, isso faz dele um menino mulato. Mas qual seria o problema nisso? Simples: se hoje, infelizmente, o racismo ainda nos assombra, imagine isso numa época em que os negros eram vendidos em feiras, como se fossem animais? Percebeu a gravidade?

Todavia, ele não teve somente a desvantagem racial... Seus pais eram pobres, moradores de uma das favelas do Rio de Janeiro. Calma, calma, ainda não acabamos. Como se a vida quisesse marcá-lo para ser um fracassado, Joaquim nascera gago e epiléptico. Importante que você entenda que a gagueira poderia ser vista como problema mental e a epilepsia (distúrbio do cérebro que se manifesta por meio de crises físicas) era, pela maioria da população, interpretada como possessão demoníaca. Dá para imaginar o pobre menino sendo levado às pressas para o padre a fim de ser exorcizado e libertado dos "demônios"? Pois é...

Vale perceber que, dada a sua condição social de favelado e a cor de sua pele, Joaquim era facilmente confundido como sendo filho de escravos – situação essa que o tornava alvo frequente de depreciações e preconceitos diversos. *Bullying*? Sim! E no mais alto grau que alguém poderia sofrer!

Eu gostaria de dizer que suas marcas de fracasso parariam no que já citei, mas, infelizmente, não foi assim. Entre os seis e os doze anos, Joaquim perdeu toda a sua família. A irmã foi a primeira, com tão somente dois anos de idade. Quatro anos depois dessa perda, morre-lhe a mãe; e o pai seria dois anos depois. Dá para imaginar? Então, além de tudo, ainda era órfão!

Joaquim Maria Machado de Assis, sem família, precisou encarar e vencer todas as barreiras que a vida, sem piedade, impôs. Como se o houvesse escolhido para ser aquele que traria quase que todas as marcas de um fracassado, o jovem buscou aproveitar todas as oportunidades que lhe apareceram, por menores que parecessem. Obrigado a trabalhar sem descanso, acabou por frequentar por pouco tempo uma escola pública, o que não lhe impediu de continuar estudando, mesmo que por conta própria. Graças a uma forte amizade que conseguiu estabelecer com o Padre Silveira Sarmento, a quem ajudava na celebração das missas, teve aulas de latim. E, além dessa clássica língua, conseguiu aprender, com uma amiga, o francês – idioma que, naquela época, era considerado o mais chique e importante do mundo.

Trabalhou em tipografias e em livrarias, buscou frequentar lugares que o colocavam em contato com intelectuais do Rio de Janeiro e esforçou-se para conhecer os influentes, para se fazer conhecido. Com isso, conseguiu começar a colaborar para vários jornais e revistas, os mesmos que o ajudariam a publicar suas primeiras obras.

Primeiro presidente da Academia Brasileira de Letras, foi um autor completo, escrevendo romances, contos, poesias, peças de teatro, inúmeras críticas, crônicas e correspondências. Seu legado literário concedeu ao Brasil um destaque entre os outros países que já possuíam uma tradição ficcional. Hoje, mundialmente conhecido e fortemente eternizado na cultura nacional, e com obras traduzidas para inúmeros idiomas, nosso respeitado escritor representa dignamente nossa nação.

Machado de Assis nasceu quando o Brasil ainda era um país com escravos, o que trazia à sua pele de mulato uma visível desvantagem. Fora isso, e como já citei, ainda havia o fato de ser pobre, órfão, gago e epiléptico – todas essas marcas estigmatizadas no século XIX. Por essa razão, é importante perceber que estou falando de alguém que, mais do que um fenômeno literário, foi um verdadeiro herói; estou falando de um menino nascido com tudo o que era necessário para se sentir um derrotado; porém, não o foi.

Perceba que, apesar de haver nascido com todas as marcas que o manteriam numa situação de miséria e completa invisibilidade, Machado pôs em si a força de vontade necessária para a conquista de seus sonhos, aproveitando todas as oportunidades que lhe apareceram, por menores que pudessem parecer. Sem o apoio da família, que perdera tão cedo, ele não desistiu de lutar para conseguir alcançar a todos os seus objetivos – e conseguiu!

Se por acaso você for um dos tantos jovens de nosso país que, por qualquer razão, não possuem o apoio familiar, lembre-se de que seus esforços e sua obstinação poderão levá-lo até onde você quiser chegar; lembre-se de que poderá conquistar e criar a família dos seus sonhos, mantendo sempre o foco e aproveitando todas as chances que surgirem. Como Machado, você é totalmente capaz de deixar seu nome registrado em nossa história, servindo de exemplo para tantos outros que ainda virão. Pense nisso!

## CAPÍTULO 4

# Minha Escola, Minha Vida

Seguindo com minha história, conforme fora previsto, minha família retornou a Anápolis após um ano em Brasília. Pude voltar à minha escola e a vida seguiu com suas costumeiras dificuldades.

Apesar da pobreza, a escola sempre fora algo mais do que importante para nós: era a garantia de um futuro digno, era a certeza da realização dos sonhos. E, mesmo não tendo dinheiro para quase nada, enquanto puderam, meus pais nos mantiveram na escolinha particular da tia Magda, a Gotinha de Luz. Mas a verdade é que devíamos tantas mensalidades, que, quando voltamos definitivamente para Brasília, anos depois, meu pai deixou metade da casa como forma de pagamento para a família da tia Magda.

Morávamos temporariamente, de aluguel, na mesma rua da Gotinha de Luz, enquanto meu pai reconstruía aquela casa que ameaçara cair e que houvéramos deixado. Naquela época, as dificuldades eram enormes! Eu usava um sapato muito apertado, que minha mãe enchia de milho ou arroz durante a noite, na esperança de que o couro cedesse. Como me machucava, eu frequentemente o retirava durante a aula e voltava para casa com os pés descalços, o que fazia a tia Bete, minha professora, reclamar muito e enviar bilhetinhos malcriados para minha mãe. Mas, apesar dessa e de outras dificuldades, o foco continuava sendo o sucesso escolar, o que nos dava a mim e a meus irmãos convicção de que os sonhos dos nossos pais se realizariam em nós, por meio da escola e da aprendizagem.

Ao terminar minha oitava série do ensino fundamental, fiz um teste para estudar no Colégio de Aplicação Dr. César Toledo, ligado à Universidade de Anápolis, Uniana (hoje, UEG). Era uma escola pública respeitada pela qualidade do corpo docente e pela infraestrutura. Os equipamentos e laboratórios da universidade eram utilizados pelos professores da educação básica e, por isso, havia enorme concorrência para se conseguir uma vaga, fazendo-se necessária uma espécie de vestibular para ingresso. Quando os quatro irmãos passaram no teste, minha família ficou em êxtase, embora meu irmão Thiago tivesse contado com a pressão de nossa mamãe coruja para que não fosse levado em conta um pequeno erro em sua prova – como bom filho de mineiro, ele escrevia algumas palavras do jeito que as pronunciava –; assim, o que deveria ser "morava em uma casa", tornou-se "morava ni uma casa", fazendo os avaliadores acharem que ele era fanho. Mas, resolvido o mal-entendido, ingressamos todos naquela escola dos sonhos.

Quanta inspiração era aquela escola! Não havia luxo, mas estudávamos Química num laboratório com um enorme balcão de mármore, com beckers, pipetas e produtos químicos fantásticos que produziam efeitos mágicos. O professor Toninho era um show à parte, sempre engraçado e exigente, e preocupado com nosso desenvolvimento escolar. Na Física, o professor Marco Aurélio nos levava a compreender as regras da Mecânica, sempre com aulas práticas. Lembro-me, também, de que as normas de comportamento eram claras e que todos as respeitavam, porque sabiam que tinham o privilégio de estudar numa instituição pública diferenciada. Não havia rigor, mas, sim, bom senso.

Certa vez, o professor Marco Aurélio entrou em sala e começou a aula. Todavia, um de meus colegas, chamado Valeriano (repetente arrependido e gente boa), muito mais alto que todos nós e, até mesmo, que o professor, estava ouvindo música com fones de ouvido. Lembro-me de o professor se posicionar em pé, a sua frente, com a cara séria e acusadora. Quando Valeriano, ao olhar para Marco Aurélio, percebeu que havia desrespeitado uma norma, simplesmente se levantou e acompanhou o professor até a direção da escola. Naquele momento, não houve qualquer discussão, qualquer reclamação, qualquer defensiva por parte de meu colega. Na verdade, não houve qualquer troca de palavras: simplesmente aplicou-se a regra. E, ainda, após o episódio, o Valeriano não se sentiu excluído nem perseguido pelo professor ou pelos colegas, mas, sim, continuou integrado normalmente à turma.

Naquele lugar, todos se sentiam respeitados, pois sabiam que a comunidade escolar era dedicada e engajada. Respeitávamos totalmente os professores que, longe de serem ditatoriais, eram aplicadores de regras construídas pela comunidade escolar, que tinha por base o bom senso. E, mesmo não havendo o autoritarismo, os mestres tinham autoridade, na melhor acepção da palavra: tinham personalidade para exercerem influência positiva sobre nossas opiniões, comportamentos e pensamentos. Nós os admirávamos!

Vivi aqueles momentos intensamente, durante um ano maravilhoso, aproveitando a escola no que ela podia me oferecer: educação de qualidade, amigos, brincadeiras e, ainda, a minha primeira paixão – uma colega bailarina com quem ouvi Renato Russo pela primeira vez. Esse sentimento me pegou de supetão no dia da morte do artista, quando, junto a ela, escutei suas músicas mais famosas e, graças às minhas fantasias de amor juvenil platônico, fiquei de recuperação em Matemática.

A verdade de tudo isso é que eu era um adolescente cheio de energia infinda e sonhos para realizar, com uma vida social toda voltada à escola, àquela escola, na qual meu mundo acontecia, minha vida era sentida e minhas experiências vividas com intensidade, disciplina e estudos. Porém, mal eu sabia que o sonho estava prestes a acabar...

Era o fim do ano de 1996. Uma crise no casamento dos meus pais os levou a uma separação temporária: o pequeno negócio de fabricação de produtos de limpeza, que sustentava a família, entrou em colapso e, por isso, vimo-nos em grave crise financeira. Minha mãe deprimira-se profundamente e meus irmãos e eu tivemos de assumir o controle da casa, enquanto nossa vida passava por um grande suspense. Eu e minha irmã Estela, depois de uma longa reflexão, decidimos pegar fichas telefônicas e fazer um interurbano para a casa dos meus avós em Brasília, pois entendemos que precisávamos urgentemente de ajuda. Meu avô prontamente se deslocou para Anápolis e, na semana seguinte, mais uma vez, mudamo-nos para a capital federal, todavia sendo essa uma ida definitiva.

Sempre fomos uma família de pessoas muito simples. Nunca tivemos dinheiro e, por isso, nossos sonhos de consumo poderiam ser considerados muito menos que medíocres se pensados nos dias de hoje. Acreditávamos que o respeito social não precisaria ser conquistado pela exibição de roupas e calçados com vistosas etiquetas e que o caráter de alguém era sua moeda mais preciosa. Sei que muitas famílias foram criadas com esse mesmo pensamento e formação, mas é possível ver que, no Brasil dos últimos anos, infelizmente fomos seduzidos por um modelo de desenvolvimento baseado no consumo. De fato, hoje um trabalhador assalariado solteiro pode exibir um tênis de marca anteriormente usado apenas pela elite brasileira. A expansão irresponsável do crédito afundou famílias humildes em terrível endividamento e muitos jovens se sentem marginalizados por não terem acesso a bens de consumo divulgados em profusão pelos meios de comunicação.

    Quando entrei na Universidade, minhas roupas e meu aspecto físico eram tidos como esquisitos por meus colegas – eu mais parecia, aos olhos deles, um ser de outro mundo. Eu estudara os dois últimos anos do Ensino Médio numa escola pública em Taguatinga, tomando o ônibus diariamente para assistir às aulas e, até começar a graduação, nunca houvera usado um computador para digitar um texto. Por essas razões e outras mais, de fato, na Universidade de Brasília da primeira década do século XXI, eu era um cara esquisito.

## CAPÍTULO 5

# Um Voo Direto para o Sucesso

A universalização do acesso à educação no Brasil é um fenômeno recente e, por isso, ainda existem muitas famílias que não compreendem a necessidade de manter os filhos na escola e de acompanhar o rendimento escolar das crianças. Eu, particularmente, fico maravilhado ao constatar que a periferia está começando a despertar para essa realidade.

Em 2013, já como deputado, participei da idealização e da criação de um dos maiores projetos de intercâmbio de jovens do País: a ideia era levar jovens estudantes de escolas públicas a viver uma experiência internacional. Nessa hora, vi que a história da minha família era igual à de milhares de outras, que investem todos os seus recursos e forças na educação dos seus filhos, por acreditarem que isso lhes garantirá um futuro melhor.

A primeira turma do programa embarcaria para Washington D.C., no final daquele ano, para uma temporada de estudos na Georgetown University. Estava inaugurado o Brasília sem Fronteiras – programa que aperfeiçoava os métodos de um famoso programa nacional, o Ciências sem Fronteiras, e que tinha como público-alvo estudantes de ensino médio. A verdade é que sempre acreditei que o filho do pobre deveria ter as mesmas condições de ensino do filho do rico e, portanto, se os meninos ricos podiam viver a experiência do intercâmbio, os meninos pobres também deveriam ter essa possibilidade!

Na despedida da turma, no aeroporto Juscelino Kubitschek, em Brasília, um garoto me abordou, abraçou e disse que morava em Brazlândia, distante cerca de cinquenta quilômetros do Plano Piloto. Sua mãe, uma diarista, estava visivelmente emocionada naquela temporária despedida feliz. Moradores de um bairro muito pobre, tinham uma vizinhança violenta, conviviam com o tráfico de drogas, mas ele, o Gabriel, dava-se muito bem na escola e havia estudado inglês num Centro Interescolar de Línguas, uma escola pública de idiomas. Via nessa viagem a premiação pelo esforço e dedicação à vida escolar. Sorrindo, disse que jamais voara antes, e que, agora, seu primeiro voo seria para a capital dos Estados Unidos da América! Abraçado a mim e à própria mãe, beijava-a e agradecia pelo sacrifício que fizera sempre para que ele estudasse, pois sentia que agora lhe eram escancaradas as portas da oportunidade. Ela queria para ele uma vida diferente da que tinha. Sua família acreditava na escola como mecanismo de superação social, o que lhe conferia garra para estudar e sede para vencer!

# CAPÍTULO 6

# De Volta ao Planalto Central

Quando completei quatorze anos, fui obrigado a retornar a Brasília com toda a minha família. Meus pais passavam por um momento delicado no casamento e na vida financeira, e vimos nosso período em Anápolis chegar ao fim, definitivamente.

Pisamos novamente o solo da capital federal muito fragilizados, vivendo de favor na casa de parentes e saboreando o gosto amargo e diário da humilhação. Eu fui morar na casa de um tio em uma cidade chamada Samambaia,* naquela época um lugar muito pobre e sem infraestrutura urbana digna. Já meus irmãos e minha mãe foram para Taguatinga, na casa dos meus avós, enquanto meu pai passou uma longa

---

* A área territorial de Samambaia fazia parte do Núcleo Rural de Taguatinga. A cidade, como muitas do Distrito Federal, nasceu a partir do grande fluxo de trabalhadores durante o processo de formação da capital do país. Em 25 de outubro de 1989, Samambaia tornou-se a 12ª Região Administrativa do DF. (...) Os primeiros habitantes tinham de andar a pé até Taguatinga, porque não havia transporte público. O comércio confundia-se com as próprias residências de alguns moradores. Para atender às necessidades imediatas dos vizinhos, comercializavam quase tudo. As empresas começaram a se instalar na cidade quando a Companhia Imobiliária de Brasília (Terracap) liberou, em 1968, os primeiros lotes comerciais. (Disponível em: <http://www.anuariododf.com.br/regioes-administrativas/ra-xii-samambaia/>.)

temporada em Belo Horizonte, junto a seus familiares, em busca de alguma oportunidade de emprego.

Foi um período de muita angústia, pois, como sempre fomos bastante unidos, tivemos a sensação de que a família havia sido dividida e, além disso, a precariedade dos nossos meios de sobrevivência era enorme. Em nossa cabeça, nós, os quatro irmãos, éramos agora mais fracos, pois a distância nos fazia acreditar que estávamos vulneráveis e sozinhos.

Felizmente, meus pais se entenderam, depois de alguns meses, e, com a metade do dinheiro da venda da casa de Anápolis – a outra metade havia sido destinada ao pagamento das mensalidades atrasadas da escola da tia Magda –, compramos uma casa inacabada em um lugar muito violento, a mesma Samambaia onde já estava morando –; apesar de hoje essa região ter se valorizado bastante, sendo o novo vetor de investimentos imobiliários no Distrito Federal, ainda é marcada pela violência.

Quando nos mudamos para a quadra em questão, estranhamos a música alta tocada pela vizinhança, as constantes confusões entre os moradores, os tiroteios tão temidos e o tráfico de drogas, que ocorria à porta da nossa casa. Esses e vários outros fatores fizeram com que, inicialmente, sentíssemo-nos isolados. Todavia, com o tempo, encontramos vizinhos generosos e respeitadores, com os quais fizemos amizade, e que, como meus pais, apenas queriam criar seus filhos com dignidade. Foi quando o outro lado da Samambaia – o lado verdadeiro e realmente digno – fez-se presente e constante em nossa família.

Ali começamos a reconstruir nossas vidas: meu pai trabalhando como eletricista e minha mãe, com um pequeno salão de beleza, construído improvisadamente ao lado da nossa casa, com compensados de madeira. Aquela difícil e violenta vizinhança começou a nos respeitar e, sem demora, percebemos que, em meio às piores adversidades, a compaixão e a solidariedade marcavam a vida daquele pedaço do mundo. Foi a época na qual mais ajudamos ao próximo e que, também, mais fomos ajudados. Conquistamos credibilidade e passamos a ser referência, graças à educação rigorosa que minha mãe nos houvera imposto – e que foi rapidamente percebida e admirada pela comunidade, chegando a ser copiada por alguns. Sempre envolvidos com a vida escolar, por mais pesado que fosse nosso cotidiano, continuávamos vendo a escola como a garantia de um futuro melhor.

No dia a dia, eu ajudava meu pai nos bicos de eletricista e minha irmã Estela era babá de um primo ainda neném de colo. Com isso, pagávamos as contas, íamos à igreja do tio Nicélio (pastor, irmão da minha mãe), tratávamos bem os vizinhos e, mesmo com o mercado de drogas sendo tão intenso, os que traficavam nos respeitavam e não nos eram uma ameaça.

A prova da consideração que tinham por nós realmente se deu quando o seu Ambrósio, dono do mercadinho da vizinhança, vendeu seu negócio para o meu pai, confiando apenas na promessa de que seu empreendimento seria bem administrado e de que pagaria em longas prestações com o lucro que conseguisse obter. Essa foi uma alegria para todos nós, que, como família, envolvemo-nos por inteiro naquele pequeno sonho.

Eu, todo animado, logo tomei parte no serviço. Como no início não tínhamos dinheiro para pagar mais que um funcionário, passei a ser o empregado "faz tudo", trabalhando no balcão e no caixa. Fatiava presunto e muçarela, vendidos a quilo, organizava os estoques, arrumava as prateleiras, separava botijões de gás vazios dos botijões cheios, fazia a faxina, enfim, tudo o que era preciso para manter a ordem. E, além do já citado, também era responsável pela entrega de gás e de compras, para tanto, usando uma bicicleta cargueira. Esse simpático meio de transporte tinha a cor verde abacate, o que não lhe conferia atributos de um transporte exatamente charmoso... Verdade era que, graças a ela, eu não pegava ninguém. E não era somente pela cor, mas, mais ainda, pelo estado deplorável da velha bike. Quando alguma menina olhava para mim, e eu começava a me animar, pronto: a corrente se soltava e, algumas vezes, chegava a me levar ao chão. Assim, graças a esses desconcertantes incidentes, eu continuava sem dar nenhum beijinho...

Apesar de me atrapalhar nas conquistas amorosas, trabalhar sempre foi uma premência no meu cotidiano. Desde a pequena fábrica de água sanitária que tínhamos em Anápolis, estava acostumado a dividir o tempo da escola com o período para ajudar a família. Nos anos anteriores, por exemplo, quando estávamos ainda morando no interior do estado de Goiás, e uma de minhas alegrias fora ter aprendido a dirigir aos doze anos. Mas isso foi necessário porque eu precisava entregar os produtos vendidos pela pequena fábrica do meu pai aos mercados e mercearias que faziam a revenda, o que, de modo algum, era uma curtição ou "tiração de onda".

Vale ressaltar que não havia, naquela época, grande preocupação com regras de trânsito e que hoje isso seria considerado uma grande irresponsabilidade; mas naquele lugar e naquela época, dirigir não era exatamente uma diversão – como fora o meu caso. Contudo, somente para entendermos melhor o salto dado recentemente pelas regras de trânsito, vale citar que, no final da minha oitava série, a turma foi comemorar a formatura em Caldas Novas e todos os alunos foram levados na carroceria da caminhonete da tia Magda! É, agora podemos entender a melhoria de certas leis quando sabemos como era nos anos noventa, numa cidade do interior. Parece um outro mundo, não é mesmo?

# CAPÍTULO 7

# Trajetória de um Vencedor

*por Jhonas de Souza Santos*

Eu me chamo Jhonas de Souza Santos, tenho dezoito anos e fui aprovado em segundo lugar para a UnB, para o curso de Direito, por meio do PAS (Processo de Avaliação Seriada).

Sou morador da parte pobre de Santa Maria – condomínio Porto Rico – e tenho uma história de vida um tanto complicada. Desde o ensino básico, por exemplo, não tinha roupas bonitas para ir à escola e, ainda, praticamente nada em casa para comer. Por isso, é claro que também não tinha materiais básicos, como cadernos e lápis, o que me fazia depender da ajuda de outras pessoas. E, durante todo o ensino básico, foi assim, dependendo de ajuda de bons corações para que pudesse ter, ao menos, com o que e onde escrever.

Vários dias sequer cheguei a ir para a escola, pois minha mãe não conseguia ficar em casa para me levar. Então, foi só a partir dos seis ou sete anos que consegui ir sozinho. Hoje vejo que isso foi uma mudança muito boa, pois eu consegui ir regularmente e passei a ter um foco a mais nos estudos.

Antes de vir morar no condomínio Porto Rico, eu morava em Sobradinho, na Fercal, com minha mãe e com meus irmãos. Depois, nós nos mudamos para Santa Maria – Quadra

215 –, quando meu pai se juntou com minha mãe. Ficamos morando lá por pouco tempo, pois minha mãe e o meu pai não conseguiam pagar o valor do aluguel, já que ganhavam o salário mínimo. Foi quando tivemos de vir para cá: o condomínio Porto Rico, que tinha um aluguel mais barato. Nós nos mudamos para a parte superior do condomínio, que era por locação também, e, apesar de mais barato que o outro, minha mãe também não conseguiu pagar, o que nos obrigou a mudar para a parte debaixo do lugar, cedido para nós, de graça. Foi, quando, então, a gente se instalou aqui. Esse é o único lugar em que podemos morar, porque, em qualquer outro, não conseguiríamos nos manter.

Minha rotina era cuidar dos meus irmãos e estudar. Então, acredito que era uma dupla rotina. Tenho um irmão de treze, o João Vitor, e um irmão de seis anos, o Gabriel. Eu tentava levar essa vida, cuidando deles e da casa, que tem dois cômodos. Tive de me organizar para criar uma ordem para cuidar dos irmãos e da casa, ir para a escola, fazer as atividades e me manter. Por isso acho que isso não foi um empecilho, algo que acontecia para eu desistir dos estudos, mas, sim, um desafio.

Durante todo o ensino médio, também tive essa rotina, por isso, tentei conciliar a minha vida pessoal e a escolar de um modo que uma não prejudicasse a outra. Mas, às vezes, prejudicava... O que eu tentava, de verdade, era que não prejudicasse tanto. Então, eu estudei para as obras no 1º, 2º e 3º ano com dificuldades, porque, apesar de a escola ter projetos, eu não tinha dinheiro para comprar os livros ou qualquer outro material de estudo.

Sempre fui um aluno esforçado, mesmo não sendo frequente. Acho que foi a partir da quarta série do ensino fundamental que eu comecei a focar mais. Sei que era muito jovem, mas comecei a entender que precisava fazer isso. Fiquei tão focado, que só tirava dez! Não que isso seja determinante, mas a verdade é que eu estudava e só tirava dez nas matérias. Eu acredito que isso tenha sido o começo da minha caminhada na educação.

A partir da 5ª série, foi a mesma coisa, mesmo passando por uma mudança de escola. Na 201, em Santa Maria, cursei da 5ª até a 8ª série, com muita dificuldade, porque, como eu já disse, dependia da caridade de outras pessoas. Dava para ver, por exemplo, meus colegas de sala com roupas bonitas, com tênis de marca, enquanto eu me sentia meio que isolado, entende? Meio que, sei lá, não incluído naquele lugar! Isso propiciou algumas chateações, alguns casos de *bullying*. Não vou dizer aqui como foi, mas teve! Antes, no ensino fundamental, ocorreram casos de *bullying* também, mas, em nenhuma das duas vezes eu me abalei. Por causa disso, não! Eu pensava: falam tão bem da educação, falam que é uma chance de progredir socialmente, então, eu vou correr atrás disso.

Para quem é pobre – eu pensava na época e ainda penso –, os únicos modos de progredir socialmente são: roubando (o que não acho certo), ganhando na Mega Sena (o que não é uma coisa real, palpável) ou estudando (que considero o caminho mais fácil).

Então, eu comecei a pensar isso no ensino fundamental até chegar ao ensino médio, quando adquiri uma mentalidade mais madura, mais aprimorada sobre a educação. Na escola também desenvolviam projetos que inseriam o aluno nesse mundo, explicando o que é a universidade, as portas de entrada para ela e detalhando sobre o PAS e o Enem. E acredito que, quando me deparei com esses projetos, com essa escola, com o ensino médio, foi o momento em que criei a mentalidade certa: de que teria que me esforçar ainda mais para ter um objetivo, para conseguir entrar na universidade.

O percurso para ir para escola era muito ruim, pois o condomínio é uma área não regularizada e, por isso, não tem, ainda, nenhum projeto governamental direcionado para cá. As condições básicas só vieram recentemente, tipo, no ano passado. Antigamente, aqui era só rua de barro, de areia, o que dificultava muito ir para a escola, pois as ruas eram cheias de buracos e impossibilitavam a caminhada; mas havia o problema de, quando conseguíamos chegar até lá, ainda estarmos limpos... São praticamente dois quilômetros daqui até a escola, por uma rua sem asfalto, cheia de buracos; e, quando chove, com tudo virando praticamente um rio de lama, tão grande é a enxurrada.

Apesar de tudo isso, eu dava um jeito de ir para a escola, porque não podia perder aula, já que eu sabia que os conteúdos poderiam cair na prova ou, pior, cair no vestibular. Por nada eu poderia perder aula! Logo, eu dava um jeito, como, por exemplo, colocar uma sacola em volta do tênis e levar uma outra roupa de reserva. Eu dava um jeito para ir para a aula, mas eu ia!

Como eu já disse, o caminho era bastante acidentado, com muitos buracos, e acho que isso era para ser um fator para que eu desistisse de ir à escola durante o ensino médio. Porém, usei isso como motivação; porque esse desafio foi, acredito, um toque a mais, um toque a mais na minha conquista futuramente, quando eu me sentir orgulhoso de ter conseguido. Acho que para quem é pobre assim, para quem é de periferia e de escola pública, para quem tem dificuldade na vida em conseguir ter algum caminho bom, alguma conquista, ainda mais pela educação, é um triunfo a mais, porque você não tem uma facilidade. Eu não tive facilidade de andar em uma rua asfaltada; não tive facilidade de ter livros didáticos conservados e bons – eu, por exemplo, sobrevivi de livro de doações. Então, posso dizer que minha carga de livros não era suficiente para chegar ao Ensino Médio e para manter uma boa base de leitura. Nós sabemos o quanto o PAS exige uma carga de leitura bastante extensa, com muitas obras literárias. E, mesmo uma escola que tenha essas obras em sua biblioteca, ainda assim eu precisaria sair do meio escolar para pesquisar a respeito de outras mais. Mas não tive esses meios. Sempre fiquei na dependência da ajuda de outras pessoas, do auxílio dos que já tinham esse material.

Bem, na etapa do PAS do primeiro ano, fui razoavelmente bem. Consegui ser mais que um bom aluno: acho que consegui ser excelente, pois fui destaque na escola os dois semestres. Como eu já tinha essa visão sobre o que era entrar em uma universidade pública, agi como alguém que realmente quisesse conquistar o ingresso do curso superior da universidade federal. E ainda mais a UnB, não é? Porque ela é daqui de Brasília, perto da minha casa. Então, eu percebi que o PAS, principalmente o PAS, era uma porta mais acessível e que propiciava uma oportunidade maior para o meu êxito na prova. Assim, estudei as obras no decorrer do ano, o que proporcionou o meu sucesso na prova, e a ajuda foi maior porque os professores as abordavam em sala de aula, com projetos. Mas, preciso assumir que os projetos não eram o suficiente, e tive que sair desse meio escolar e tentar outros meios, ou seja, eu tinha de buscar mais, mais que o normal, e saber mais sobre as provas, sobre as obras e até sobre a própria UnB.

Essa minha vontade de me aprofundar no conhecimento sobre tudo me preocupava, pois eu não via como fazer para conseguir. Foi quando o Bora Vencer chegou. Eu já estava concluindo a escola (no 3° ano). Por isso, no auge da minha caminhada pelo ensino médio, conheci o projeto e, então, ele foi essencial para mim. Principalmente em relação às disciplinas de Português e de Matemática, porque os professores recapitularam conceitos que eu tinha visto no 1° e no 2° ano, o que acrescentou ainda mais para a minha formação, como, por exemplo, noções de redação e de ortografia, que, mesmo sendo abordadas no 1° e 2° ano, eu ainda não tinha um domínio bastante profundo sobre esses temas. O Bora Vencer ajudou nisso, ajudou na redação, ajudou em noções rápidas para responder Matemática. No Enem, que temos pouco tempo para responder, esse conhecimento sobre a prova foi essencial! E sei que isso ajudou também no PAS, porque, mesmo não sendo tanto como no Enem, também exige rapidez na resposta. Assim, acredito que o Bora Vencer foi essencial em todas as matérias, mas principalmente para Português e Matemática.

Eu não conheço muitos amigos, mas, dos que conheci, alguns não foram para um caminho bastante agradável, pois foram para o crime, e outros, ainda, desistiram da escola. Acho que isso poderia ser um motivo para mim. "Eles desistiram, então, eu também vou desistir da escola." Mas, não! Eu decidi que não! Não seria só mais um da estatística de evasão escolar das escolas públicas do Distrito Federal. Decidi manter-me, mesmo com várias dificuldades, estudando e buscando o meu êxito no ensino médio e a minha vaga na universidade.

Minha mãe foi a principal motivadora, pois eu via como ela sofria, como se esforçava para dar tudo para a gente, mesmo tendo várias coisas para pagar em casa. Se, por exemplo, eu precisava de um livro, falava para ela, e ela tentava comprar, pelo menos tentava. Se precisasse de roupa, ela, sei lá, parcelava em um monte de vezes no cartão e tentava comprar para mim também – para mim e para os meus irmãos. Minha mãe me motivou a correr atrás, a ter um êxito nos estudos. Por isso, eu preciso conseguir dar um futuro melhor para ela, porque acho que ela merece ter um futuro melhor. Não é que aqui não morem pessoas que mereçam respeito – aqui moram pessoas que acordam seis horas da manhã para ganhar o seu pão de cada dia. Mas eu penso que se tenho a chance de progredir socialmente, posso, então, dar essa oportunidade para minha mãe! Eu penso que, se ela foi a motivadora para eu ter um êxito nos estudos, devo dar um futuro melhor a ela, como uma casa melhor, em outro lugar, além de dar um futuro melhor para os meus irmãos também, para que eles não precisem seguir o mesmo caminho que eu segui, com tantas dificuldades para estudar, com tanto sacrifício para ter um êxito.

"Estuda, senão você não vai sair daqui, não vai ser alguém na vida. Não quero que seja como eu. Não dei atenção para os estudos, não tenho muitas opções de renda, sou filha de nordestino e não tive muito acesso ao estudo." – era o que eu ouvia minha mãe dizer o tempo todo. Não que ser nordestino seja determinante, mas, no caso dela, morou na roça, no Nordeste, acho que foi no Piauí, onde não teve acesso à escola de qualidade. E acho que isso foi motivador para que desistisse da escola. Ela falava para eu não seguir seu caminho, para eu ir na trilha da educação, para eu ser uma pessoa que seria um divisor de águas em nossa família. E a verdade é que, da minha família – minha mãe, meu pai, meus irmãos –, eu sou o único que entrou na universidade, universidade pública e federal, e acho que isso é um orgulho para todos nós!

Eu vivi com o meu pai até completar dezesseis anos de idade, quando ele se separou da minha mãe. A gente ainda conversa, ele ajuda aqui em casa também, vive por aqui, mas não tem mais uma relação junto com minha mãe. Ele é um bom pai: cuida dos meus irmãos, cuida de mim, também. Então, acho que minha relação com ele é boa – não digo com minha mãe – mas comigo é boa. Por isso, digo que meu pai e minha mãe foram presentes. Acho que se não fossem eles, como espelho para que eu me esforçasse e me motivasse, eu não teria esse incentivo para ter êxito, para correr atrás de um futuro melhor, de um futuro melhor pela educação. Eu acho que minha aprovação foi um incentivo que partiu deles, para que eu não seguisse o caminho que eles seguiram (não ter uma educação de qualidade, não ir à escola, não ter um caminho pela educação). Eles desejavam que eu progredisse socialmente e pudesse dar um futuro melhor para eles.

Ser pobre é um fator limitante, é uma barreira que divide e impede o jovem de progredir. Eu acho que quando o jovem é de periferia, isso em uma escola pública, ele já nasce com uma barreira que impede sua inserção em qualquer mercado de trabalho ou em um ensino superior. O ensino público, atualmente, não é eficiente, não é de qualidade. Mesmo que eu tenha cursando o ensino médio em uma escola com estrutura bacana, sei que há escolas no DF, por exemplo, com uma estrutura totalmente precária, pois não possuem condições mínimas para gerir alunos. Então, para quem é pobre, e para quem tem o ensino público, acho que é um desafio a mais, é uma barreira a mais para progredir socialmente e conquistar alguma coisa futuramente. Pessoas como eu, que moram em um barraco de madeirite, localizado em uma área invadida de Santa Maria, vivem na pobreza, não é? Eu, como tantos outros, não tinha dinheiro para comprar livros, para comprar roupas; sofri *bullying* na escola, passei por "n" motivos que queriam me fazer desistir; mas, ainda assim, resolvi me manter nesse caminho, por acreditar nele.

Meu conselho para os jovens que são de periferia e de escola pública é: sigam seus sonhos, independentemente dos motivos que levem você a desistir. Se você tem um sonho e quer segui-lo, trace metas de acordo com ele e não desista. E, principalmente, para os jovens de escola pública que são de periferia e querem entrar na universidade, eu digo: não desistam, porque a UnB é acessível, tem ingressão democrática no decorrer dos anos, principalmente por causa das cotas. Eu sou cotista e não tenho vergonha de falar isso. Eu sou pobre, sou cotista e eu acho que isso me ajudou bastante, mas não foi determinante, não me deu a prova, e sim, me auxiliou. E acho que isso é algo impulsionador para que jovens de periferia e de escola pública se insiram nesse espaço ainda tão elitizado.

Eu acho que tenho um ídolo, porque, quando penso no antigo ministro do STF, Joaquim Barbosa, penso em alguém que eu admiro de verdade. Ele é negro, era pobre também, e isso o faz um ídolo para mim, porque ele mostrou que não é porque a pessoa é pobre ou é negra, que ela não pode progredir socialmente, não pode chegar a um lugar como o que ele chegou, de ministro do STF, ou seja, não é porque eu sou pobre, que eu vou ser bandido ou criminoso. Eu posso ter também a oportunidade de progredir e de chegar a uma universidade pública e federal, como a UnB!

Como recado final, quero dizer: não deixe que as adversidades o desmotivem. Acredito que, se você tem objetivo, se você tem foco, ninguém vai impedi-lo, nada vai bloquear sua vontade de conseguir correr atrás do seu sonho. O mundo está imerso em uma situação bastante difícil, mas, se você é o diferencial, se você é o exemplo da bondade no mundo, no lugar onde você vive, eu acho que você já está fazendo a diferença. E, além de ser bom e correr atrás do seu sonho, você vai ser um exemplo a mais para a sua comunidade, podendo ser um verdadeiro agente transformador do lugar onde mora.

# CAPÍTULO 8

# Uma Conquista Não Valorizada

Quando cheguei a Brasília, surpreendi-me com a relação entre alguns estudantes e professores. Diferentemente do que vivera na última escola em que houvera estudado, em Anápolis, o convívio entre esses não era harmonioso. Lembro-me, por exemplo, de uma briga absolutamente impensável entre uma colega e uma professora de Geografia; depois de se agredirem com gritos, a estudante arremessou uma carteira contra a educadora.

Após o episódio, no qual houve processos judiciais, a professora se afastou da escola. E isso só mostrava que o clima não era bom para o aprendizado, pois era claro que as pessoas não confiavam umas nas outras. As aulas eram barulhentas, e os professores viviam doentes, desmotivados, apesar de haver a exceção de alguns, que conseguiam alguma estratégia para chamar a atenção das turmas e tentar, com muito esforço, burlar o completo desinteresse que reinava.

Percebemos o quanto o papel da família se faz fundamental para tornar o ambiente escolar mais agradável, afinal, existe uma educação que não pode ser obtida na escola. A noção de respeito pelo próximo, especialmente pelos mais velhos, a gentileza com que devemos tratar as pessoas, a honestidade e a força de vontade, tudo isso vêm de casa. Meu pai me contava, para ensinar, que, durante sua infância, o tratamento dado a ele e aos irmãos era muito rigoroso. Quando alguém os visitava, na fazenda do meu avô, as crianças eram orientadas a se esconder no quarto e, quando desobedeciam, levavam beliscões dolorosos. A comida, por exemplo, era servida primeiro aos adultos, e as crianças comiam o que sobrava, todas juntas, numa grande travessa colocada ao chão. E não havia a menor possibilidade de se revoltar contra o sistema, pois o mundo era dos adultos e as crianças sabiam exatamente o seu lugar.

O meu avô materno, para citar outro caso familiar, estudou apenas o necessário para se alfabetizar. Ele nos contou que a professora era pessoa muito respeitada, pois lhes ensinava algo inacessível e, por isso, falar alto com ela era inimaginável. Muitas vezes os alunos chegavam a ser tratados de maneira cruel, mas, mesmo assim, desacatar o mestre era completamente impensável.

Certa vez, minha tia-avó Maricota respondera à professora de modo indevido e, por isso, fora deixada de castigo depois da aula. Meu avô, que não sabia como chegar em casa sem a irmã, sabia que ela seria castigada rigorosamente pelo pai. Então, estando ela fechada na sala com a professora, tomou coragem e invadiu, de surpresa, assustando a mestra.

– José Rodrigues, o que está fazendo aqui? – gritou a professora, furiosa.

Ele, carregado de seu sotaque nordestino, respondeu, ousado:

– Oxi, eu vim salvar Maricota!

Avançando sobre a irmã, agarrou-a pelo braço e a atirou pela janela, fugindo da escola. A ideia era evitar o castigo paterno, mas, infelizmente, o resultado dessa valentia foi muito pior... Afinal, a professora contou tudo à mãe dos dois, que, por sua vez, contou tudo ao marido, e foi assim que as duas audaciosas crianças levaram uma surra enorme e foram tiradas da escola, definitivamente.

Meu avô se emociona até hoje quando fala sobre isso. Ele tinha o desmedido desejo de estudar mais, todavia, o cabo da enxada esperava por ele, e essa realidade o privou de seguir com a educação escolar.

As gerações dos nossos avós viveram em um ambiente autoritário, que causava traumas e frustrações. A tirania dos pais daquela época é inimaginável nos dias de hoje. Eu, de verdade, não desejo que aqueles costumes voltem a ser dominantes na nossa sociedade, mas reconheço que a realidade atual parece nos ter levado ao outro extremo desse comportamento.

Depois dos movimentos libertários juvenis da década de 60 e 70, da ditadura militar brasileira e toda a sua repressão, parece que muitas de nossas famílias tornaram-se permissivas demais. A intenção era de promover uma educação diferente para os filhos, menos repressiva que a dos nossos antepassados, afinal, ninguém queria crianças reprimidas, impedidas de se expressarem e obrigadas a aceitar as imposições cruéis e desrespeitosas. Havia uma onda liberalizante nos costumes familiares, e a liberdade passou a ser interpretada como o direito de não fazer o que não se quisesse fazer. Assim, os pais dos anos 80 e 90 passaram a ter pavor de traumatizar seus filhos e, na melhor das intenções, deixaram de estabelecer os limites mínimos de boa conduta.

Mas há algo bem importante a se refletir, pois ter espaço para sonhar, ter direito de expressar a própria opinião e poder sentar-se à mesa com os convidados da família, nada tem nada a ver com poder jogar uma carteira na professora. A liberdade dada aos meninos e às meninas das últimas gerações não significou mais carinho e consideração pelos pais e professores, mas, pelo contrário, foi traduzido, em grande medida, a se ter o direito à arrogância, ao egocentrismo, à violência, à insensibilidade e ao desrespeito. Devemos considerar que, apesar da educação rigorosa que nossos antepassados impuseram aos seus filhos, a admiração, o respeito e, por que não dizer, a devoção com que tratavam seus pais era inspiradora. Atualmente, muitos pais se queixam da falta de atenção de seus filhos e parece que toda essa liberdade não significou mais afeto entre eles.

As consequências desse comportamento para as escolas têm sido devastadoras. Vivemos uma realidade em que os pais são "bananas", os filhos são tiranos e os professores... bem, esses, para a vergonha social, foram obrigados a se tornar reféns. Uma importante pesquisa internacional sobre educação, feita pela Organização para Cooperação e Desenvolvimento Econômico (OCDE), diz que, entre as dezenas de países pesquisados, o Brasil ocupa o primeiro lugar do ranking de violência escolar. A mesma pesquisa, ainda, causou-me espanto ao demonstrar que é aqui, em nosso chão, que os professores mais gastam tempo tentando "acalmar" a turma para conseguir dar aula, chegando a usar 20% do período da aula para conseguir que seus alunos façam silêncio! Chamamos a isso de "liberdade"?

Todavia, apesar de acreditar que a indisciplina escolar possa ser consequência da falta de imposição de limites em casa, acredito que este não seja o único fator a ser considerado. É preciso entender o quanto custa para o país manter um sistema público de ensino – falta-nos perceber a escola como um direito conquistado ao preço de muita luta e de sacrifício. Lembro-me do meu avô – que não pôde estudar além da alfabetização, sendo obrigado a trabalhar para ajudar no sustento da família –; com certeza, estaria disposto a fazer grandes sacrifícios para frequentar as aulas, como andar descalço por longos caminhos de poeira e de lama, enfrentar a necessidade de trabalhar na roça, não ter material escolar, não ter energia elétrica ou, até mesmo, um banheiro na escola – desafios esses enfrentados por milhares de crianças, em todo o mundo, para poderem estudar.

Fato é que muitos estudantes da cidade não valorizam o privilégio que têm de acessar uma escola e tornam o ambiente educacional altamente desagradável, criando um clima de agressividade, transformando a sala de aula em uma feira livre barulhenta, oprimindo professores e não permitindo que eles doem o melhor de si para a turma. Verifica-se o quanto são insensíveis para entender que o colégio é uma conquista maravilhosa e o quanto precisamos valorizá-la.

Será que aquela minha colega de sala, que arremessou a carteira de encontro à professora de Geografia, compreende que, para alguns, poder estudar pode ser um risco à própria vida? Risco esse a que muitos se entregam...

## CAPÍTULO 9

# A Menina que Amava a Escola

Malala Yousafzai estava em uma van escolar, acompanhada por algumas colegas, todas meninas. Destemida, mantinha um *blog*, por meio do qual defendia o direito das meninas de frequentarem a escola.

Naquela época, o Talibã – um grupo extremista islâmico – decretou a proibição da educação feminina além da quarta série, na região em que ela morava: o vale Swat, no Paquistão. Eles fecharam cento e cinquenta escolas e explodiram, violentamente, outras cinco da região. Interpretavam de forma literal e radical algumas passagens do livro sagrado do Al Corão e acreditavam que meninas deveriam ser educadas apenas para a vida doméstica. Mas Malala, que não aceitava tais proibições, afrontava esse grupo corajosamente, porque acreditava na educação como motor de transformação social. Todavia, naquela manhã, ela pagaria um alto preço para que meninas de todo o seu país pudessem sonhar com um futuro melhor por meio da escola...

Em um momento do percurso, a *van* foi parada por homens de barba longa e turbantes na cabeça e um deles se enfiou no veículo, perguntando quem era Malala. Ela nem teve tempo de responder, pois suas colegas olharam instintivamente em sua direção e, então, os disparos começaram, todos dirigidos a ela. Atingida por um deles na cabeça, a menina quase morreu, somente porque queria ter aulas!

Venho agora, levantar algumas questões com você: Por que normalmente ficamos felizes quando um professor falta à aula e somos liberados mais cedo? Por que inventamos doenças de mentirinha para não ir à escola? Por que pulamos o muro da escola para não estudar? Temos o direito de fazer tanto barulho em sala? Permitimos que nossos professores tenham prazer em nos ensinar? Estamos dando o devido valor à escola? Quero que reflita particularmente sobre isso e pense sobre o seu comportamento enquanto aluno.

A história de Malala me encanta. Ela era uma garota comum, de uma região distante e esquecida pelo mundo, e sua escola era simples, com a pobreza sendo a realidade de sua comunidade e de sua família. Ele conta que, certa vez, irritou-se com o irmão mais novo, porque ele não queria ir à escola, preferindo ficar em casa, apesar de, por ser menino, ter o direito de frequentar escola. Enquanto isso, ela, que queria estudar, tinha esse direito negado – havendo, inclusive, a luta por essa causa se transformado em transgressão, tornando-a uma criminosa. E, para que pudesse ter aulas, tinha que ser corajosa, enfrentando ameaças todos os dias. Por desejar estudar e por lutar por isso, levou um tiro na cabeça.

Malala sobreviveu. Em outubro de 2014, o comitê do Prêmio Nobel anunciou que ela seria agraciada com a honraria, naquele ano, tornando-se a mais jovem laureada da história da premiação. Assim, aos dezesseis anos, Malala era uma ganhadora do Nobel da Paz! No seu discurso, na cerimônia de premiação, ela disse que a honraria não era só dela, mas de todas as crianças esquecidas que queriam estudar, de todas as crianças assustadas que queriam a paz e de todas as crianças que desejavam mudanças no mundo. Ela e suas corajosas amigas tinham sede de educação, porque acreditavam que o futuro estava ali, na sala de aula.

Essa história é poderosa e deve servir de inspiração aos nossos estudantes, para que valorizem a conquista do direito de estudar. Eu gostaria tanto que todas as escolas do mundo contassem o incidente dessa menina, que cobre a cabeça com um lenço por conta de sua cultura – mas que gosta de música pop americana –, que ama os pais e que entende, de verdade, o valor da escola.

Atualmente, Malala faz conferências no mundo inteiro, levando a mensagem mais importante do século XXI: o direito à educação.

## CAPÍTULO 10

# Eu Sou a Mudança

Trabalhar e estudar não era exatamente o que eu havia sonhado para a minha vida. Mesmo vindo de uma família simples, sempre sonhara em me colocar de maneira positiva no mercado de trabalho, e não em ser obrigado a exercer tarefas pesadas para ajudar a pagar as contas de casa. Por isso, após algum tempo fazendo entregas de gás e de compras e todas as outras coisas que um "faz tudo" precisa cumprir, comecei a sentir uma tristeza profunda, vinculada a uma sensação de fracasso e de desesperança.

Esses sentimentos nada tinham a ver com o fato de ter de trabalhar para ajudar a família, pois eu estava acostumado a isso. O que começou a me dominar foi uma sensação de ter sido injustiçado pela vida, sendo mais um entre tantos outros garotos de periferia. Desenvolveu-se em mim um enorme rancor pelos meninos ricos, aos quais eu chamava de "filhinhos de papai", carregando as palavras com um enorme desdém. Para mim, esses meninos bem-nascidos simplesmente estudariam nas grandes escolas particulares e, depois dessa vida fácil, enfrentariam o vestibular com facilidade, tomando minha vaga na universidade pública. Enquanto isso, eu teria que dividir meu tempo entre o trabalho e os estudos e, caso quisesse algum sucesso, teria que me esforçar imensamente mais do que eles.

Naquela época, invadia minha alma um sentimento de pessimismo em relação à vida. Eu comecei a me revoltar com o fato de meus pais terem nascido pobres e não terem estudos e desejava que o mundo mudasse. Passei a ter aversão à falta de garra de parte da vizinhança, que se contentava em viver de migalhas, sem jamais desejar algo melhor para a própria vida. Ali, ao meu redor, todos pareciam acomodados e se espantavam pelo fato de eu estudar idiomas estrangeiros e ler livros atrás do balcão, enquanto aguardava a entrada de algum cliente. Na minha cabeça, a vizinhança tinha de mudar, meus pais tinham de mudar, a feiura do bairro tinha de mudar!

Esse desejo de alterar tudo me gerava uma sufocante sensação de impotência. Fiquei angustiado por tanto tempo e de modo tão solitário, que estava prestes a entregar os pontos quanto a tudo. Cheguei a aceitar que minha vida seria essa para sempre: um empregado atrás de um balcão. Considerei jamais conseguir entrar numa universidade pública e, talvez, num futuro distante, a possibilidade de pagar por uma faculdade particular. Enxerguei e concordei que meu limite seria o mesmo do da maioria dos meninos nascidos em famílias como a minha, e que eu seria empregado dos jovens ricos, que tinham tudo, que não precisavam trabalhar para o próprio sustento e que ganhavam lindos carros ao completar dezoito anos – com certeza de uma cor bem oposta a um verde abacate...

Passei a reclamar de tudo! Tornei-me amargo naquela época – alguém que não exatamente queria estar sozinho, mas que ficava porque afastava os amigos com aquele baixo astral horrível, o qual ninguém aguentava. Tornei-me rabugento, reclamão, maldizendo a minha vida e a de todos ao meu redor.

Foi então que conheci um desses anjos que a vida nos apresenta de vez em quando, para nos tirar da fossa. Esse ser celestial veio vestido de professor socialista. O curioso é que nem era meu professor, mas o da minha irmã Estela, que acabei conhecendo de tanto a ouvir falar – e olha que eu nem concordava com todas as teses políticas que ele defendia! Lecionava Física – matéria para mim tão sem graça, que nem os laboratórios da minha última escola em Anápolis conseguiram despertar o menor interesse. Todavia, eu percebia nele uma enorme sinceridade, uma preocupação verdadeira com os alunos, com a escola e com o ser humano de uma forma geral. Notei o jeito simples com que ele se vestia e a forma carinhosa com a qual tratava as tias da cantina da escola das minhas irmãs.

Eu estudava em outra escola, numa cidade mais distante (em Brasília os bairros são chamados de cidades-satélites), mas tinha o costume de visitar a escola da Estela e da Talita, de vez em quando. Meu contato com ele se estreitou ainda mais, porque o atencioso professor Fábio costumava visitar as famílias dos seus alunos, para entender a realidade em que viviam. Mesmo sendo daqueles professores muito exigentes – não deixando passar nada, não arredondando notas e não dando colher de chá a ninguém –, era querido pelos alunos, pois suas atitudes demonstravam compromisso com nosso sucesso. Era realmente uma alma boa! Sem que eu pedisse, emprestou-me um livro e falou da importância de combater o sentimento de fracasso que eu estava desenvolvendo. (A verdade é que eu estava num momento em que preferiria que ele tivesse me emprestado dinheiro, mas, já que era livro, estava valendo.)

Hoje não consigo me lembrar do nome do tal livro ou de seu autor, pois verdadeiramente não estava muito a fim de ler naquele momento. Porém, li, unicamente porque sabia que na sua próxima visita à minha casa ele perguntaria sobre a obra e eu não queria fazer desfeita. Então, foi durante aquela leitura que eu me deparei com uma frase muito conhecida hoje em dia, mas que eu nunca houvera escutado até aquele momento. O autor a citara em sua obra, marcando o criador:

"Seja você a mudança que quer ver no Mundo", de Mahatma Gandhi.

Inicialmente não compreendi muito bem o que a frase pretendia dizer, mas de qualquer forma ela me tocou, tocou mesmo, pois falava justamente sobre um pensamento obsessivo que tomava conta da minha cabeça, um desejo ardente de mudar tudo à minha volta, dos meus pais a meus vizinhos, da poeira da minha rua à feiura da minha casa. Eu queria mudar a condição social da minha família, das pessoas que me cercavam, da cidade onde eu morava; eu desejava que meus pais fossem diferentes, mais cultos, que tivessem cursado uma universidade; eu queria que meus colegas da rua tivessem vontade de crescer na vida e de conversar com pessoas diferentes, em outros idiomas.

Gandhi passou a me inspirar! Aquela frase, em princípio, pareceu-me meio arrogante, mas quando ao constatar que fora dita por ele, fiquei maravilhado. Se havia alguém que pudesse dizer algo daquele nível, sem ser pedante, esse alguém era, sem dúvida, o líder indiano. Todas as suas conquistas tinham se baseado num modelo de vida que se pautava em princípios sólidos. Mais que um líder que se diz contra a violência, ele se tornou o maior pacifista do mundo, inspirando outros ícones, como Martin Luther King e Nelson Mandela.

É fácil se indignar contra a violência e a agressividade dos outros. Contudo, é extremamente difícil reagir pacificamente a uma agressão e defender um interesse de forma a minimizar os danos provocados à outra parte. O cara levava sua filosofia tão a sério que a praticava religiosamente em seu cotidiano, chegando a derrotar os colonizadores ingleses sem embates armados, mas somente por meio de boicotes e jejuns. Isso era realmente ação de alguém que praticava o que dizia! Demonstrando enorme coerência entre o que falava e o que fazia, tinha uma pregação provada em suas atitudes, pois era comprometido com verdade.

Outra característica que me encantava em Mahatma Gandhi era o fato de liderar, sem apego ao *status* social que isso pudesse representar. Demonstrando não estar em busca de prestígio pessoal, fama ou dinheiro, ele perseguia uma causa: a libertação da Índia do domínio britânico. Para isso, não hesitava em trabalhar ao lado dos outros colaboradores desse propósito, colocando a liderança como serviço prestado, e não como prestígio social.

Reclamar era um problema sério na minha vida. Minha companhia havia deixado de ser agradável para meus amigos, pois a atitude de reclamar se tornara insuportável para os que eram obrigados a conviver comigo e, além de não resolver, tornava meus problemas muito maiores do que realmente eram. Ao reclamar, eu me sentia derrotado antes mesmo de enfrentar os desafios da minha vida, pois meus pensamentos estavam cheios de raiva, inveja, desalento e rancor e, dificilmente, saía dali um elogio a alguém ou uma palavra bonita. Por isso, minha boca só falava sobre isso; era como se eu desistisse antes mesmo de começar a lutar pelos meus sonhos.

Quantos meninos e meninas pobres viviam na mesma situação em que eu me encontrava? O que tornava uns fracassados e outros exemplos de sucesso?

Minha mãe procurava me lembrar sempre do que lera na Bíblia: "a boca fala do que está cheio o coração". E a verdade era que a cada vez que eu soltava uma das minhas reclamações, parecia que mais meu coração se enchia daqueles sentimentos ruins, como se as minhas palavras tivessem força sobre minha mente.

Após refletir sobre as palavras de Gandhi, fiquei um dia inteiro sem reclamar de nada e, para minha surpresa, senti um grande alívio, uma sensação que havia muito tempo não me acompanhava mais. Parecia que a fonte que alimentava minha cabeça de maus pensamentos havia secado, permitindo-me pensar e falar de esperança, de sonhos, de projetos e de futuro. Meus assuntos voltaram a ser projetos para o futuro, personalidades as quais eu admirava, ou o quanto o dia estava bonito. Em vez de olhar para as ruas lamacentas ou empoeiradas do bairro, comecei a olhar para o céu, que era azul para todo mundo. Aquela mudança de atitude, que pareceria tão pequena e simples de ser feita, iria me trazer muita felicidade nos anos seguintes, pois traria, à minha vida, uma transformação definitiva: uma mente de vencedor.

Minha segunda reflexão, certamente, foi igualmente importante. Resolvi dar conta de estudar e trabalhar ao mesmo tempo. Quem é filho de pobre precisa chegar a essa conclusão o mais rápido possível, antes que seja tarde. Não temos direito à letargia e à preguiça, pois, para nós, isso custa muito caro, e dar conta do desafio é uma decisão pessoal. Duas escolhas se apresentavam a mim dramaticamente e definiriam o meu futuro: eu poderia lamentar meu destino cruel, filho de família pobre, morador da periferia, cercado pela violência, ou eu poderia aceitar os fatos e protagonizar minha história de superação. Felizmente, eu optaria pela segunda hipótese. Sem o gasto de energia com as reclamações e murmúrios, sobrava-me disposição para entregar gás, cuidar do balcão, fazer o caixa do mercado e, ainda, estudar. Estudar muito! Estudar era a única esperança para mudar o destino que a vida tinha reservado para mim e ao qual eu tanto temia. E uma das coisas que muito me animava era que jamais ouvi falar de alguém que tivesse se arrependido de meter a cara nos livros.

Após muita reflexão, muita conversa interior e um profundo olhar sobre mim mesmo, tomei algumas decisões baseadas naquela frase, mesmo sem ter certeza de que eu havia realmente entendido. Inicialmente, resolvi parar de reclamar. Depois, determinei que eu dava conta de trabalhar e estudar ao mesmo tempo. E, por fim, defini que entraria na universidade pública.

## CAPÍTULO 11

# Eu Escrevo a Minha História

Meninos e meninas que nasceram de famílias simples costumam ter muitas dificuldades na vida e, por isso, é preciso que tenham uma força de vontade superior ao normal para conseguirem superar os obstáculos do dia a dia. Do ônibus lotado à falta de professores, tudo contribui para que sejam tentados a desistirem de alcançar o sucesso pessoal.

Todavia, o que poucas pessoas imaginam é que jovens ricos também têm suas próprias questões a resolver. A verdade é que a abastança não traz realização pessoal, e um pai poderoso pode significar uma sombra tão espessa sobre o filho que ele talvez se sinta incapaz de superá-lo, o que pode levar à frustração. Por isso, pertencer a uma família que já conquistou tudo pode desencadear uma profunda falta de motivação.

Eu conheci colegas de faculdade que ganharam automóveis luxuosos ao completarem dezoito anos, estudaram no exterior, vestiam-se com roupas de grifes caras, mas muitos deles pareciam não ter força de vontade para superar os desafios mais simples do cotidiano universitário. Em contrapartida, também conheci gente rica, de famílias poderosas, que acreditava ainda ter muito a contribuir com o mundo e, para tanto, engajavam-se em projetos sociais e usavam a própria sorte para ajudar os outros.

Winston Churchill é um personagem histórico que, hoje em dia, é pouco conhecido pelos mais jovens, mas que se encaixa exatamente no perfil daqueles que precisam ser muito bons para brilharem em famílias muito poderosas. Eu confesso que só o conheço porque leciono História – um dos momentos mais relevantes das minhas aulas se referem ao tenso período da primeira metade do século XX, no qual aconteceram as duas Guerras Mundiais – e essa figura tão importante precisa ser citada. Então, vamos conhecê-lo um pouco, a fim de aprender com seu singular exemplo.

Churchill provinha de uma família rica e tradicional da Inglaterra, muito bem relacionada com a realeza. Seu tio era nada menos que um duque, o 8º Duque de Marlborough, com toda a pompa e honrarias que este título significa para os ingleses ainda hoje. A residência da família era tão imponente e tradicional que era a única casa não pertencente à família real que mantinha o direito de ser chamada de palácio – o Palácio de Blenheim. Mas não imagine que Churchill era um "filhinho de papai"! Embora, em tese, não precisasse fazer nada para ter uma vida confortável, jamais se contentou em viver à sombra das glórias passadas de sua família. Sonhador, ele queria participar da vida do seu país, dos dramas da juventude do seu tempo; ele tinha vontade de vencer por conta própria e de ter sua própria história para contar.

Churchill aprendeu a pilotar aviões numa época em que os aviões não passavam de enormes asas deltas, motorizadas precariamente. Voar era visto como coisa de quem não tinha medo de se arriscar e, por conta da condição tão precária das aeronaves, ele sofreu um acidente aéreo que quase o matou, em 1919. Antes disso, e com apenas vinte anos de idade, fora correspondente de guerra em Cuba e lutou no Afeganistão, além de haver participado de uma guerra imperialista inglesa na África do Sul, na qual fora preso, fugiu da cadeia, percorreu quinhentos quilômetros a pé e, ainda assim, recusou-se a sair do continente para voltar ao conforto da casa europeia.

Quando, finalmente, retornou a Londres, elegeu-se deputado da Câmara dos Comuns e, a partir de 1914, teve grande participação na I Guerra Mundial. Durante esse famoso conflito, Churchill sofreu profundamente ao ver que soldados bravos e valentes eram mortos como moscas diante dos armamentos inovadores surgidos no início do século XX. Não importava a disposição, honradez ou coragem daqueles combatentes: eles morreriam por uma ironia do destino, de um modo bastante cruel. A ironia era que naquela época ainda havia uma enorme discrepância entre as estratégias de combate e os armamentos usados.

Vamos entender isso melhor: os soldados, por exemplo, marchavam de peito aberto – como determinavam as estratégias de combate do século XVIII, dos tempos de Napoleão Bonaparte, pois a intenção era demonstrar o enorme volume das fileiras de jovens prontos para a guerra –, mas o problema é que, enquanto a estratégia era do século XVIII, as armas usadas na guerra eram do século XX! Estamos falando de metralhadoras giratórias, que dizimavam garotos de ambos os lados do conflito, no auge da juventude. E, para piorar tudo, em 1915 a guerra se tornou um jogo de nervos, e as tropas estacionaram, marcando suas posições com trincheiras que chegavam a ter dezenas de quilômetros e se distanciavam das trincheiras inimigas apenas em alguns metros. Como resultado, a guerra de trincheiras tornou-se a maior carnificina vista até então e os soldados de Churchill morriam em vão, com essas mortes não resultando no avanço de um palmo sequer às tropas britânicas. Isso se converteu em uma tormenta lenta e dolorosa, na qual os combatentes chegavam a passar dez meses enfiados em buracos, túneis e corredores subterrâneos, sujeitos a frio intenso, a infestações de piolhos e carrapatos e a mortes por tuberculose.

Como almirante, Churchill sentia que precisava fazer alguma coisa para estancar a matança, entendendo ser urgente um trunfo que abreviasse a guerra e retirasse as tropas do atoleiro que eram as trincheiras. Ele pensou em todo o tipo de estratégia mirabolante, imaginando tudo o que pudesse encerrar aquele impasse, de um modo favorável à Inglaterra.

Foi assim que, num rompante de luminosidade, Churchill imaginou algo vagamente descrito por Leonardo Da Vinci, séculos antes, como sendo uma carruagem com canhões, e propôs a criação de uma caixa forte, capaz de proteger seus tripulantes dos projéteis inimigos, com esteiras capazes de se locomoverem nos terrenos mais impróprios, atropelando as trincheiras, subindo barrancos e atravessando lamaçais. A tal engenhoca de guerra deveria ser movida por um motor potente e munida com canhões poderosos. Foi assim que ele conduziu os chamados Landships Committee, que compunham o grupo de estudiosos que criou os tanques de guerra – nome dado aos enormes blindados que ainda hoje são equipamentos muito presentes em conflitos ao redor mundo. Mas, como havia a necessidade de guardar segredo, para que os alemães não desconfiassem, procuraram espalhar o pensamento de que se tratavam de tanques de água sobre rodas. É daí, portanto, que provém o nome "tanque".

Mas, por conta dos desentendimentos com seus superiores burocratas, esse sonhador e eficiente líder inglês foi afastado do comando militar, o que fez com que o projeto dos tanques não saísse do papel. Homens de famílias poderosas, em seus altos gabinetes, não compreendiam as necessidades e os perigos da frente de batalha. Todavia, Churchill havia vivenciado os horrores da guerra de posições e sabia que algo deveria ser feito, para que milhares de vidas fossem poupadas diariamente. Angustiado, permaneceu no conflito e lutou incessantemente, sem desistir de sua invenção.

Quando ninguém mais suportava aquela estagnação mórbida e as insistências de Churchill passaram a incomodar, os líderes do governo aceitaram dar seguimento ao projeto. Os resultados superaram todas as expectativas: os efeitos dessa arma sobre o moral dos alemães contribuíram para o encerramento do conflito, pois, em fins de 1918, na Batalha Amiens, os monstros de aço irromperam contra os adversários e provocaram a rendição alemã.

Percebemos que a obstinação de Churchill escrevera uma página importante na História. Ele, que poderia ter aproveitado a sorte de ter nascido em uma família abastada e, simplesmente, ficar desfrutando as conquistas de seus antepassados, preferiu seguir sua própria trajetória. Ele, sem sombra de dúvidas, era um vencedor!

Quando sofremos uma derrota e perdemos posições conquistadas com grande dificuldade, temos que enfrentar sentimentos ruins que nos invadem, como o ódio, o rancor, a inveja e a falta de perspectivas. O desânimo forceja se tornar um companheiro constante, provocando a vontade de nos fazer deitar para não acordar nunca mais, e a humilhação intenta nos levar a alimentar sentimentos que não constroem nada.

Depreenda que, em meados de 1915, naquele episódio dos tanques, Churchill fora enxotado da sua posição de comando pelos seus adversários políticos. Era o início do terror das trincheiras, que dividiam a Europa praticamente ao meio, estendendo-se da Áustria ao norte da França, e fazendo os soldados morrerem afundados na lama, sob condições desumanas. Ele, então, identificou o tamanho do impasse em que todos estavam se enfiando e, rapidamente, propôs solução ao problema. Era óbvia sua disposição para enfrentar os desafios que levariam à vitória, mas, no meio de um projeto tão importante como o dos tanques, acabou perdendo a influência que houvera conquistado com tantas dificuldades.

É em momentos como o que acabamos de citar que somos capazes de avaliar a personalidade das pessoas. Ao invés de se paralisar pelo rancor ou de começar a falar mal dos que o tinham injustiçado, Churchill perseverou e, mesmo humilhado, continuou enviando cartas aos militares que haviam tomado o seu lugar – sim, os mesmos que tomaram sua posição. Ele não ficou se lamentando e nem permitiu que o egoísmo tomasse conta de sua alma; não se enciumou com o fato de que outros pudessem desenvolver o projeto idealizado por ele. Totalmente sincero em desejar abreviar o sofrimento da guerra, esforçou-se para que entendessem seu projeto e o levassem à frente. Quando, finalmente, o alto comando militar britânico devolveu a ele o controle sobre o assunto dos tanques, seu triunfo foi a façanha na História das guerras do início do século XX. Afinal, esse grande líder ainda tinha muito a fazer pela democracia e pelo seu país, com uma trajetória que, mesmo grandiosa até aquele momento, ainda estaria longe de terminar...

Depois da Primeira Guerra Mundial, grande parte dos europeus considerava que a paz deveria ser mantida a qualquer custo. Os traumas causados pelo maior conflito até então produzido pela humanidade provocaram uma grande onda pacifista que, apesar das boas intenções, permitiria o fortalecimento de uma ideologia agressora nunca antes vista: o Nazismo. 1920 e 1930 são marcados pela ascensão da União Soviética, com a ditadura de Joseph Stalin produzindo uma onda de crescimento econômico no maior país do mundo, e o império comunista passando a provocar arrepios no ocidente. Calculava-se que o chamado "exército vermelho" fosse capaz de mobilizar mais de dez milhões de homens, fazendo-os marchar contra a Europa Ocidental para impor o regime comunista.

Diante desses fatos, ingleses e franceses passaram a temer de tal forma a expansão do comunismo, que permitiram que o nazismo de Adolf Hitler se fortalecesse, a fim de que a Alemanha, posicionada geograficamente entre a Europa Ocidental e a União Soviética, pudesse servir de anteparo contra uma possível investida de Stalin. Com base nesse engano, permitiram que Hitler fizesse uma política externa expansionista, com a anexação de vários territórios ao Terceiro Reich.

O tirano, aproveitando-se da confiança recebida, invadiu a Áustria e a Tchecoslováquia, anexando-as à Alemanha; intrometeu-se na Guerra Civil espanhola, para testar seus eficientes aviões de guerra; aumentou o poderio do exército nazista, enganando os grandes homens de seu tempo. Assim, o medo pela União Soviética, somado ao pensamento pacifista irresponsável das potências ocidentais, permitiu que Hitler se transformasse numa ameaça quase invencível. Muitos políticos ingleses dos anos 30 apertaram sua mão, pois a maioria deles acreditava que o melhor a fazer era celebrar uma aliança com os nazistas, a fim de impedir a expansão do comunismo.

Naquele período, era comum ouvir "gente fina" elogiando o Führer abertamente, na imprensa e nos eventos da alta sociedade. Ele, inteligentemente, apresentava-se como campeão da luta contra o comunismo, apesar de guardar um veneno muito poderoso em segredo. E poucos perceberam o perigo que ele representava para a humanidade! Só para você entender a artimanha que ele maquinou, apenas um ano antes da eclosão da Segunda Guerra Mundial, Hitler foi capa da *Revista Times*, como sendo o homem mais influente do mundo.

Mas lá estava Winston Churchill: a voz incansável que não se deixava enganar. Certa vez, em visita à Alemanha, solicitou audiência a Adolf Hitler, para entrevistá-lo. Todavia, exigiram-lhe que adiantasse as perguntas, e o ousado inglês foi direto ao ponto: "Por que o senhor odeia os judeus e os persegue com tanta brutalidade?". Diante da exposição, Churchill, é claro, não foi recebido, o que lhe aumentou a insegurança em relação ao caráter do governante alemão e lhe incutiu a certeza de que suas intenções não eram boas, como todos acreditavam. Por isso, enquanto todos bajulavam Hitler, transformando-o em celebridade internacional, o criador dos tanques de guerra denunciava os propósitos inconfessáveis do líder alemão, dizendo que era loucura fazer aliança com o nazismo e apregoando um ataque imediato à Alemanha, para evitar que aquela ideologia crescesse.

No seu país, a Inglaterra, Churchill foi taxado de louco e passou a ser duramente criticado. Acusavam-no de ser favorável a uma nova guerra, a qual a maioria afirmava fazer de tudo para evitar. A verdade é que ele enxergava o que ninguém queria ver e denunciava o terror que estava por vir, pois sabia que aquele tipo de paz não valia a pena – para ele, a paz a qualquer custo significava submissão à ideologia assassina do nazismo e, nesse caso, sem dúvida, era melhor a guerra. Como hoje sabemos, Churchill estava certo.

Em 1º de setembro de 1939, a Luftwaffe, poderosa força aérea alemã, descarregou toneladas de explosivos sobre Varsóvia, a capital polonesa. Era, assim, o início da maior carnificina da história da humanidade: a Segunda Guerra Mundial. E, enquanto todos permaneceram acreditando que Hitler combateria Stalin, ele celebrara o Pacto de Não Agressão Mútua, com a União Soviética – um acordo secreto segundo o qual alemães e soviéticos repartiriam entre si a Polônia, como sinal de amizade e prova de que não se atacariam.

O Mundo estava estupefato! Que traição! Hitler houvera enganado a todos os líderes ocidentais e esses, ingleses e franceses, sem argumentos para manterem a estratégia de não enfrentamento com Hitler, foram obrigados a declarar guerra à Alemanha. Mas o problema é que haviam demorado demais... E tal delonga permitiu que o pensamento nazista se difundisse e tomasse conta das mentes de toda uma geração de alemães; oportunizou que aqueles ideais violentos ganhassem força e influenciassem a juventude de muitos outros países, até mesmo a do distante Brasil.

Churchill, que em nenhum momento deixou de denunciar a verdade sobre Hitler, foi catapultado para o centro da história: oito meses depois do início da Segunda Guerra, foi eleito primeiro-ministro da Inglaterra. Depois de toda a humilhação sofrida, ele fora escalado pelo povo inglês para derrotar o ditador alemão. Quem mais, a não ser ele – a voz que sempre denunciara os verdadeiros planos de Hitler –, poderia levar à frente essa árdua tarefa? E, mais uma vez, Churchill não se recusou a cumprir a missão.

"Perguntam-me qual é o nosso objetivo? Posso responder com uma só palavra: Vitória – vitória a todo o custo, vitória a despeito de todo o terror, vitória por mais longo e difícil que possa ser o caminho que a ela nos conduz; porque, sem a vitória, não sobreviveremos." Com essas palavras, o líder inglês iniciaria o seu governo, no cargo de primeiro-ministro, cumprindo uma das trajetórias mais brilhantes da política mundial. Graças à sua inteligência, foi capaz de conduzir o povo britânico rumo ao triunfo, mantendo o moral da nação e das tropas sempre elevado, mesmo nos momentos mais duros da guerra. Além disso, manteve os ingleses unidos durante o terrível ano de 1940, no qual subiam aos céus da Inglaterra, diariamente, três mil aviões bombardeiros da Luftwaffe, causando uma destruição nunca vivida antes por aquele povo. Conseguiu, também, conquistar o apoio dos Estados Unidos durante o conflito, sem o qual, sem dúvida, não teria logrado êxito contra o nazismo.

Vemos, enfim, que a história de Churchill, apesar de ser marcada por altos e baixos, por percalços que poderiam ter destruído sua carreira, é, mais do que isso, assinalada pela perseverança. Ele foi, sem sombra de dúvidas, alguém que não havia nascido para viver à sombra das glórias do passado de sua família rica, mas, sim, uma pessoa pronta e determinada a escrever sua própria trajetória. Com uma vida cheia de realizações, que fizeram do planeta um lugar melhor para toda a humanidade, Winston Churchill foi um grande vencedor, foi alguém que lutou até o fim – apesar de toda oposição – por seus ideais e por sua vontade de melhorar seu país e, consequentemente, o mundo.

## CAPÍTULO 12

# *Yes, I can!*

Naquela época, além do trabalho e da escola, eu aprendia inglês com um amigo, assessor de assuntos externos da Igreja frequentada pela minha família. Ele estudava relações internacionais na faculdade e, com isso, pôde me ensinar tão bem que eu passei a conversar com missionários estrangeiros que visitavam o Brasil. E é interessante refletir sobre o fato de que, na minha vida adulta, esse idioma seria fundamental para meus projetos profissionais.

O Fernando, esse era o nome do "professor", disse-me que, se eu quisesse aprender inglês, teria que ajudá-lo com seu trabalho, algumas vezes por semana, no período da tarde, em seu pequeno escritório. Ele era praticamente um erudito, sabido, bem-arrumado e com um enorme coração – na época, a pessoa mais inteligente que eu havia conhecido pessoalmente. E, as qualidades dele não parariam por aí, já que, além do inglês, ele falava espanhol, francês e estudava hebraico e alemão. Com certeza, graças a todos esses atributos, o genro dos sonhos das mães que frequentavam os cultos: traduzia documentos, fazia interpretações simultâneas dos pregadores estrangeiros e organizava apresentações musicais da juventude da igreja.

Durante nossas aulas, encantava-me a dedicação que ele tinha pela etimologia das palavras e pela filologia (estudo sobre a formação das línguas). Já no decorrer do dia, ele proibia que eu falasse qualquer palavra em português e acreditava no método de imersão total no idioma. Por isso, eu me joguei de cabeça na aventura de aprender a língua dos americanos e isso me ajudou a escrever meu destino.

Quando conheci o Fernando, fomos almoçar na minha casa com um grupo de amigos da igreja. Naquela época eu já estudava inglês por conta própria e, na ocasião, mostrei a ele o material usado. Eram livros infantis cheios de figuras e exercícios nos quais eu deveria preencher espaços em branco. Divertido, ele olhou tudo aquilo e começou a rir, não acreditando que eu estivesse falando sério! Mas o problema é que eu estava e, sentindo-me humilhado, não gostei nada da "zoação" dele. Todavia, percebendo minha irritação, antes que perdêssemos a amizade que tentávamos começar, ele, em sua habitual elegância, emendou-se, dizendo, com um sorriso amarelo:

– Se você quiser, eu te ensino.

Agarrei-me à oportunidade! E, graças a isso, consegui meu conhecimento sobre a língua de Shakespeare, a qual, de verdade, comecei a aprender e a me tornar falante.

Anos depois, quando fui selecionado pelo Departamento de Estado para um programa de estudos nos Estados Unidos, pude entender o quanto aquele esforço desmedido para aprender inglês tinha valido a pena. Pude conversar com professores, políticos e empresários norte-americanos; pude ministrar palestras em escolas e universidades, mesmo que, em alguns casos, precisasse da ajuda de algum intérprete mais experiente. O momento em que eu mais me senti satisfeito por ter aceitado o desafio de aprender outro idioma, no entanto, ocorreu quando eu fiz o discurso de recepção aos alunos do programa Brasília sem Fronteiras, na Universidade George Washington, em Washington D.C. Naquele dia, toda a minha trajetória passou pela minha cabeça em milésimos de segundos e pude me sentir profundamente grato por todas as oportunidades que a vida me apresentou, as quais eu soube aproveitar.

Porém, meu aprendizado em idiomas não ficou somente no inglês. Graças ao esforço da minha mãe, que dormiu em uma fila gigantesca, consegui uma vaga no Centro Interescolar de Línguas de Taguatinga para estudar francês. A verdade é que desde criança eu sonhava em aprender o idioma do aventureiro Jacques Cousteau. Apresentado a mim nos documentários do National Geographic pelo meu pai, esse oceanógrafo viajava pelos oceanos a bordo do seu navio de pesquisas, o Calypso, desvendando as profundezas dos mares, apresentando peixes surpreendentes e sociedades humanas primitivas e isoladas. Detinha um profundo conhecimento científico, inventando equipamentos que revolucionaram a pesquisa subaquática e, sobretudo, contando histórias de maneira poética. Assim, com meu pai e com Jacques Cousteau, aprendi a amar a natureza e, por conta da admiração ao cientista, estudei a língua francesa.

E que grata surpresa eu tive ao chegar à primeira aula de francês! A professora, madame Eurídice, era bem típica. Fico imaginando: como as professoras de francês podem ser tão especiais? Acho que formam uma sociedade à parte do resto mundo: sempre delicadas, elegantes, exigentes e cultas.

Não era fácil enfrentar os olhares de alguns vizinhos que não acreditavam em si mesmos e, por consequência, não acreditavam em ninguém. Às vezes pessoas sem autoestima e sem objetivos se tornam secas, incapazes de dar apoio aos projetos do próximo. Como se empolgar com as conquistas dos outros se não conseguimos motivação para encarar nossa própria existência?

Então, enquanto seguia para as aulas de francês, depois do trabalho do dia inteiro, ouvia piadas e sussurros grosseiros.

– Vai falar francês com a poeira da Samambaia?

– "Samambento" metido a besta.

– Esse pé sujo só quer ser...

Tinha a impressão de que alguns não só não acreditavam nas minhas possibilidades, mas, também, ofendiam-se com meu esforço e autoconfiança. Alguns chegavam a fazer insinuações desagradáveis, com o intuito de ofender, porém, eu permanecia inatingível, impávido, sempre olhando para frente.

Entretanto, vamos agora considerar um fato: aprender idiomas sempre foi abrir uma janela para o mundo, para novas culturas e novas possibilidades. E estudar francês, na minha situação, tinha um toque bastante especial, pois me permitia tocar a beleza, tão ausente da minha vida cotidiana, naquele ambiente de pobreza onde eu morava.

Nas aulas, eu podia me ver numa embarcação passeando pelo rio Sena, acreditar que subia a torre Eiffel, imaginar-me tomando um café em algum lugarzinho charmoso. Mas, acima de tudo, naquele ambiente da sala de aula, eu podia conviver com pessoas educadas, que falavam do mundo e de literatura, que declamavam versos, que comentavam filmes e que acreditavam em mim, do mesmo modo com que acreditavam em si mesmas. Nós, os poucos garotos da sala – repleta de *mademoiselles* –, éramos tratados como príncipes!

Naquela época eu vivi apaixonadamente cada um dos encontros, durante os quais eu estudava com afinco e aprendia com dedicação, sem sequer imaginar que, anos depois, o francês seria essencial para que eu pudesse participar das negociações sobre os jogos da Copa do Mundo de 2014, na sede da FIFA, em Zurique, na Suíça. Sim, a vida é cheia de surpresas, mas, com certeza, bem melhor quando estamos preparados para os desafios, por havermos aproveitado as oportunidades que nos foram oferecidas.

Pense bem nisso e, sem medo e com dedicação, abrace as oportunidades que lhe aparecerem, mesmo que isso lhe custe alguns sacrifícios!

## CAPÍTULO 13

# Eu Decidi Dar Conta

Entrar na UnB, a tão famosa Universidade de Brasília, não seria fácil. Eu sabia que enquanto passava horas ocupado no mercadinho, milhares de estudantes inteligentes, de escolas tradicionais e famílias abastadas, estavam estudando com afinco. Contudo, entrar na universidade era a minha terceira decisão e eu estava disposto a enfrentar os mais extremos desafios para cumpri-la.

Lembro-me de que contei para todo mundo e muita gente me olhou como se eu estivesse ficando doido. Uma amiga, vizinha da casa da frente, a Helen, olhou-me cética e indagou, desconfiada:

– UnB? Você? "Pé de Toddy" desse jeito?!

Chamar alguém de "pé de Toddy", no meu bairro, era bem comum. Como o asfalto era precário, a lama e a poeira tomavam conta das ruas de modo que manter o tênis limpo era tarefa das mais difíceis. Muitas vezes tínhamos que colocar sacolas amarrada aos pés para não chegarmos à escola ou ao trabalho com eles muito sujos – o caminho de casa até a parada de ônibus, por exemplo, era sempre uma aventura!

Por essa razão, a pergunta da Helen revelava exatamente o que sentíamos – todos nós, adolescentes e jovens daquela região –, ou seja: uma falta completa de autoconfiança, como se uma universidade de respeito não fosse feita para nós. Era comum que aceitássemos que as coisas boas da vida pareciam destinadas a outros meninos e meninas, e nunca a nós, daquele lugar esquecido por Deus.

A incredulidade de minha amiga se dava porque poucos do seu convívio tinham passado num vestibular tão difícil. Alguém como ela, que vivesse seus mesmos dramas e desafios, que sujasse os pés naquele lamaçal, não podia passar em universidades. Mas eu estava disposto a encarar os obstáculos necessários: eu queria vencer.

– Pai, paga um cursinho pra mim? – perguntei, especulando.

– Quanto custa, meu filho?

– Não sei, tenho que olhar.

No outro dia cheguei com um orçamento. Meu pai olhou e sorriu amarelo:

– Meu filho, se eu pagar isso tudo pra você, ninguém mais come nesta casa... – falou, constrangido.

Mas eu não me dei por vencido:

– E se pedíssemos uma bolsa?

Ele pensou e me perguntou:

– Você tem coragem de pedir?

– O "não" nós já temos, né? – respondi, prontamente.

Às sete horas da manhã seguinte entramos no carro do meu pai – um Passat antigo, verde abacate como a bicicleta cargueira, sem motor de partida. Colocamo-lo na descida e, depois de um tranco certeiro, rumamos para Taguatinga, em busca de um sonho.

Nosso destino era um cursinho muito famoso, cuja propaganda me inspirava: "Obcursos: as melhores cabeças". Então, ao chegar, deixamos o carro estrategicamente posicionado numa descida e subimos ao escritório da diretora.

A afamada professora Magdalena era uma mulher bonita, de meia idade, bem-arrumada, com roupas coloridas e esvoaçantes, unhas sempre benfeitas, maquiagem sem economia. Ela nos olhou sentados na recepção e não deu muita atenção, com a justificativa de que estava bastante ocupada recebendo visitantes, professores e funcionários, de um modo quase interminável. E esse seria o primeiro de muitos chás de cadeira que tomaria na vida...

Ela não nos recebeu naquele dia. Almoçamos uma coxinha cada um e, depois de esperar a manhã inteira, voltamos e continuamos sentados até o final da tarde, quando, finalmente, ela nos lançou um olhar e disse:

– Hoje estou muito ocupada. Voltem amanhã que eu os recebo.

Meu sangue subiu à cabeça! Meu pai teve que me segurar para que eu não perguntasse por que ela não nos avisou isso antes, afinal, passáramos o dia inteiro ali, à toa. Saí indignado. Que falta de consideração... Pensava ela que fôssemos o quê?

E você acha que eu voltei no dia seguinte? Claro que sim! Afinal, filho de pobre não pode ser metido e tem de correr atrás dos sonhos, engolindo alguns sapos, de vez em quando. Mas também tinha o fato de que minha vontade era maior do que qualquer humilhação que eu precisasse passar e, por isso, na manhã seguinte, eu voltei decidido a conversar com ela.

Assim, eu e meu intrépido pai retornamos ao cursinho, sentamo-nos nas mesmas cadeiras e aguardamos pacientemente até o horário do almoço, já prontos para comer coxinha novamente, quando ela, finalmente, recebeu-nos.

– Muito bem. O que vocês querem? – perguntou, insolente.

Diante da oportunidade, eu desembestei a falar:

– Professora, eu só quero uma oportunidade! Eu quero estudar e vencer na vida! Eu sou pobre e meu pai não tem dinheiro pra nada...

– Cala boca, menino... cala boca, menino... – meu pai, desesperado e sentindo-se humilhado com minhas palavras, beliscava-me e falava entre os dentes, embaraçado.

Mas eu continuava, apesar dos doloridos beliscões:

– Se a senhora me ajudar, eu prometo me dedicar muito, estudar, me esforçar e... Blá, blá, blá! – afoito, eu falei tanto, mas tanto, que nem deixei que ela ou meu pai dissessem alguma coisa.

Após alguns minutos, eu estava exausto de tanto falar e roxo de tanto ser beliscado na coxa; parei por alguns instantes para recuperar o fôlego perdido e esfregar as mãos nas pernas para aliviar a dor. A professora, vendo uma oportunidade para ser ouvida, disse prontamente, antes que eu recomeçasse:

– Se eu der essa bolsa, vocês vão embora?

Eu assenti com a cabeça, exageradamente, num êxtase de vitória quase conquistada, agarrando-me àquela oportunidade como um náufrago à última garrafa de água doce.

Saímos de lá com a tão sonhada bolsa de estudos! Era, enfim, a minha chance! Meu pai estava irradiante e todos festejamos. Agora, era arregaçar as mangas e começar a estudar para o vestibular.

# CAPÍTULO 14

# Trajetória de Duas Vencedoras

*por Thais e Thábata Rodrigues*

Nós nos chamamos Thábata Rodrigues de Oliveira e Thais Rodrigues de Oliveira. Somos irmãs, temos 22 anos. Cursamos Letras-Inglês na UnB e trabalhamos como professoras de inglês.

Nascemos em Luziânia, em 1994. E, como nós somos do entorno,[*] sempre estudamos no entorno. Contudo, como a educação nesses lugares é muito ruim, meu pai decidiu colocar a gente para estudar aqui no Distrito Federal, ainda pequenas.

Tínhamos onze anos quando ele conseguiu essa transferência – já estávamos na 6ª série. Por isso, desde muito pequenas, começamos a pegar ônibus para estudar. Acordávamos muito cedo para pegar o transporte público, o que era "super" difícil para gente, porque sempre tínhamos que nos programar bastante para estar na escola no horário certo, por conta do trânsito que enfrentávamos.

Tudo se mostrava para nós num formato muito ruim, porque éramos muito novas. No início, chegou a ser ainda

---

[*] Região composta por municípios que cercam o Distrito Federal e que dependem da infraestrutura e dos empregos da Capital da República.

mais difícil, porque, para criança com onze anos, é complicado pegar ônibus sozinha, já que ainda é meio dependente dos pais. De qualquer modo, fomos obrigadas a começar a nos virar. Quantas vezes a gente se perdia, perdia a parada, descia na parada errada... Quantas vezes a gente pegava chuva, pegava sol quente demais... A nossa casa, por exemplo, era longe da parada, então, andávamos muito para chegar ao ponto. Mas, apesar de tudo, acabou dando certo.

A vantagem é que nos dávamos muito bem com o pessoal da escola. No terceiro ano, chegamos a nos candidatar para representantes de turma e ganhamos. Então, para ajudar os colegas que tinham dificuldade, e como tínhamos certo conhecimento em inglês, criamos uma espécie de aula de reforço. Assim, quando as provas estavam perto, quem tinha dificuldade com inglês era só pedir que a gente ficava para ajudar.

Nosso pai sempre nos falou que, quando tivesse a oportunidade, faria a nossa inscrição no CIL. Mas ele nem precisou, porque principiamos a estudar inglês quando estávamos na 8ª série sem que ele tivesse que correr atrás disso. Como haviam tirado essa disciplina da escola, todos os alunos do Ensino Fundamental foram mandados para o CIL (Centro Interescolar de Línguas). O engraçado foi que, quando começamos a aprender essa língua estrangeira, não queríamos de jeito nenhum! Estávamos estudando porque éramos obrigadas. Mas, o incrível é que a nossa vida hoje toda se encaminhou para o lado do inglês, e eu não saberia como seria minha vida hoje sem esse idioma. Foi, realmente, uma oportunidade muito boa, porque hoje, senão tivesse o inglês na nossa vida, a gente realmente não saberia o que teria acontecido, pois teríamos dificuldade para achar uma profissão. Desejávamos fazer Relações Internacionais e muitos outros cursos, mas hoje cursamos Letras em inglês, justamente por conta do inglês!

Fizemos inglês no CIL, mas, a partir de um determinado semestre, por conta de notas boas, quando se tem nota boa, é dada a opção de fazer uma segunda língua. Foi por isso que começamos a estudar espanhol – apesar de termos de trancar um tempo, por conta de um problema de família. O caso foi que minha mãe ficou doente e nós tivemos de ficar com ela, em casa, cuidando dela e das coisas – por isso tivemos que trancar.

Assim que nos formamos em inglês, começamos a fazer francês também. Apesar de que tivemos de trancar também, por conta da faculdade. Estávamos já no final do último semestre, correndo com provas e com o TCC (Trabalho de Conclusão de Curso), e por isso tivemos de parar.

Nosso primeiro intercâmbio foi o Brasília sem Fronteiras, que foi a oportunidade que o governo nos deu, como estudantes do CIL, de inglês, para conseguirmos ir para o exterior estudar. Na verdade, não fomos para o exterior para estudar inglês, mas, sim, para estudar STEM (Science, Technology, Engineering and Mathematics). E foi uma oportunidade "super" incrível, porque todo estudante de inglês sonha em ir para outro país, para ter contato com a língua e com a cultura estudada. Foi incrível! Nunca imaginamos que conseguiríamos viajar para o exterior e ter essa oportunidade tão legal. O Odilon, o Israel e o Glauco lutaram para que isso desse certo. E foi incrível! Essa experiência mudou nossa vida e a de todo mundo que participou!

Desde que começamos a estudar inglês, comentávamos com nosso pai que queríamos fazer um intercâmbio, que precisávamos disso e que não adiantava fazer seis anos de inglês para falar com brasileiro. Mas ele nunca teve a oportunidade de nos mandar para o exterior, porque mandar uma só pessoa já é caro, imagine ter de mandar duas! Por isso a oportunidade dada pelo Brasília sem Fronteiras foi incrível para nós!

Lá, nós estudamos em universidades diferentes e tivemos experiências distintas uma da outra. Essa preparação abriu muitas portas para a gente, já que depois voltamos e conseguimos emprego. Agora não queremos mais parar! Na verdade, nunca quisemos parar no primeiro intercâmbio. Depois que voltamos do Brasília sem Fronteiras, conseguimos outros empregos e começamos a juntar dinheiro para fazer o próximo – o segundo intercâmbio –, que foi ano passado. Foi para Inglaterra, para Cambridge, onde ficamos dois meses, para melhorar o nosso inglês.

Passamos na UnB e na UERJ. Passamos para a UERJ para o mesmo curso que fazemos aqui, mas, como teríamos que nos mudar, preferimos ficar aqui, no Distrito Federal, a fim de não ficarmos longe da nossa família.

Quando voltamos do Brasília sem Fronteiras, já tínhamos começado a faculdade e hoje estamos no último semestre de Letras em inglês. O Brasília sem Fronteiras acabou nos abrindo muitas portas. Tantas, que Thábata passou em um concurso – para professora de inglês lá do município de Valparaíso. E sabemos que essas são apenas as primeiras portas que o projeto nos abriu. Quando fizemos o intercâmbio, pensamos muito em ajudar o próximo e, por isso, começamos a ter uma visão muito diferente de mundo. Nós fomos ajudadas, mas não queremos somente ser favorecidas; queremos ajudar, também, a nossa comunidade.

Começamos a fazer estágio obrigatório da faculdade em uma escola lá em Taguatinga e percebemos os problemas em relação ao ensino de inglês. Conversamos muito sobre o que poderíamos fazer para ajudar, para mudar a realidade daquelas pessoas. Decidimos, então, fazer o nosso estágio obrigatório no EJA (Educação de Jovens e Adultos), que não é o ensino regular – é o contrário do ensino normal. Sempre estudamos no ensino continuado e, por isso, queríamos ter esse choque de realidade – por isso escolhemos o EJA, no turno da noite.

O público que estuda nessa etapa é um pessoal que é mais de idade, que trabalha o dia inteiro e que está lá "ralando" para dar um futuro bom para os filhos, para os netos. Percebemos que o inglês que eles têm na escola é muito básico e nos propusemos e tentar aprofundar esse conhecimento, mesmo que fosse somente tirando dúvidas.

Agora já estamos terminando a faculdade. Nunca tínhamos nos imaginado nem começando, o que dirá terminando, né? Já temos bons empregos, pagamos nossas contas e nos consideramos pessoas de sucesso. A verdade é que a gente pensava pequeno, a gente não achava que conseguiria fazer intercâmbio, que fôssemos capazes de sair da cidade ou do Brasil. Mas isso não é um modo de pensar só nosso; é meio que de todo aluno de escola pública.

Antes do Brasília sem Fronteiras, nunca imaginávamos que conseguiríamos chegar tão longe. Apesar de sempre querer fazer intercâmbio, não imaginávamos que isso seria possível, justamente por sermos alunas de escola pública. Então, pensávamos que não seríamos contempladas. As pessoas como nós costumam ter esse pensamento: que aluno de escola pública não é capaz. Mas nós somos, sim! Nós fomos capazes de passar no Brasília sem Fronteiras, já estamos terminando a nossa graduação e a Thábata passou em um concurso (na época, Thais não estava em Brasília para fazer o concurso também). A gente está aí para provar que é capaz, sim! Podemos ter uma vida de sucesso, mesmo sendo oriundos de escola pública. A nossa vida pode ser muito boa, basta lutarmos para isso!

Nosso pai sempre apoiou todas as decisões que tomávamos em relação à educação. Ele, na verdade, sempre abraçou nossa causa, sempre! Começar a estudar inglês sempre foi uma vontade dele, muito antes de terem tirado o inglês da escola e nos levado para o CIL. Essa questão de a gente ter saído do entorno para estudar aqui em Brasília também foi uma ideia dele, já que a educação em Valparaíso, onde a gente mora, não é boa.

Nossos pais sempre nos apoiaram muito em todas as questões educativas, em todas as decisões educacionais que a gente tomou. Tanto em fazer inglês quanto em fazer francês. Fizemos cursinho para prestar o vestibular, conseguirmos bolsa para estudar – tudo com o apoio deles.

A educação é "super" importante em nossa vida, porque, se não fosse a educação, não teríamos chegado a lugar algum. Não teríamos feito o primeiro intercâmbio – só fizemos o Brasília sem Fronteiras por causa da educação, porque um dia nos esforçamos para estar lá, nas aulas de inglês; nos esforçamos para saber um pouco mais da história do nosso mundo, do nosso país. Como o projeto nos cobrou uma prova que falava sobre muitas coisas, se não tivéssemos nos esforçado nessa parte da educação, não teríamos obtido sucesso.

Tudo começou com a gente, aos onze anos, pegando o ônibus às cinco horas da manhã para chegar à escola... Pois é, a educação é um processo de longo prazo, não adianta querer fazer as coisas muito rápido, porque, senão, não alcançamos o objetivo. É por isso que temos de começar a batalhar desde cedo, para que, no futuro, consigamos alcançar o propósito. Nós, por exemplo, estudamos por seis anos no CIL; era difícil estar lá, pois tínhamos que pegar ônibus, que acordar ainda mais cedo, debaixo de sol ou de chuva. Então, tudo é na base do esforço – mas o esforço tem de ser diário, para que consigamos algo melhor.

Temos a consciência de que a educação abre portas, de que a educação é a base de tudo e de que as coisas que conseguimos foi por meio dela. Por isso, queríamos deixar esse recado para você, que é estudante de escola pública: não se menospreze, não ache que é incapaz, que não pode. Você pode, sim! Nós somos oriundas de escola pública e conseguimos muita coisa mesmo assim! Você é capaz de tantas coisas como as outras pessoas são: é qualificado para passar em um curso excelente na UnB e para conseguir um emprego muito bom. Tudo depende de você, tudo depende do seu esforço. Esforce-se para conseguir uma educação boa, esforce-se nos seus cursos na faculdade, que você alcançará o sucesso.

CAPÍTULO 15

# Que Irmão eu Quero Ser?*

Dentre as histórias escutadas na igreja, pelos professores da escola dominical, uma foi especial para mim. Por ser tão tocante e trazer uma mensagem magnífica, que me marcou pelo resto da vida, decidi trazê-la de modo integral nesta obra. Ela faz parte de um livro chamado *Deus trabalha no turno da noite*, escrito por Ron Mehl.

Na ocasião, a professora a leu para nós, tendo o livro em mãos. Fiquei tão marcado pela narrativa – que é real – que considerei melhor que você a lesse e buscasse a mensagem do mesmo modo com que aconteceu comigo.

Então, aqui está:

"Roy Angel era um pregador batista pobre com um irmão milionário.

Isso aconteceu nos dias da alta do petróleo na década de 40. O irmão mais velho de Roy teve a sorte de possuir o pedaço certo de terreno nas pradarias do Texas, na hora certa. Quando vendeu, ele se tornou multimilionário da noite para o dia. Construindo sobre essa fortuna, o Angel, mais velho, fez alguns investimentos estratégicos na bolsa de valores e depois lucrou com vários negócios em crescimento.

---

* A história foi extraída da obra **Deus trabalha no turno da noite**, de Ron Mehl – São Paulo: Editora Quadrangular, 2014.

Mudou-se, então, para um apartamento de cobertura num grande prédio na cidade de Nova Iorque e gerenciava seus investimentos de um escritório luxuoso em Wall Street.

Uma semana antes do Natal, certo ano, o rico empresário visitou o irmão pregador em Chicago e deu-lhe um carro novo – um Packard brilhante, último tipo. Roy sempre mantinha o carro novo numa garagem-estacionamento, onde ele ficava sob os olhos atentos do garagista. Foi por isso que ficou surpreso quando chegou para pegar o Packard certa manhã e viu um jovenzinho malvestido com o rosto encostado numa das janelas do carro. O rapazinho não estava fazendo nada suspeito, obviamente apenas admirava o interior luxuoso do veículo.

– Alô, filho – disse Roy.

O menino olhou para ele:

– Esse carro é seu, patrão?

– Sim – respondeu Roy – É.

– Quanto custou?

– Não sei realmente o preço dele.

– Quer dizer que é dono do carro e não sabe quanto custou?

– Não, não sei. Meu irmão me deu de presente.

Ao ouvir isso, os olhos do garoto se arregalaram surpresos. Ele pensou um pouco e disse depois, com um ar de desejo sincero:

– Eu queria... Eu queria...

Roy pensou que sabia como ele ia terminar a sentença. Pensou que diria: "Eu queria ter um irmão assim."

Mas ele não disse. O menino olhou para Roy e disse:

– Eu queria... Eu queria ser um irmão assim!

Isso intrigou o ministro e (porque aqueles eram tempos mais inocentes) ele disse:

– Olhe, filho, quer dar uma volta?

O garoto respondeu imediatamente:

– Claro que quero!

Os dois entraram, então, no carro, saíram da garagem e percorreram vagarosamente a rua. O menino passou a mão pelo tecido macio do assento dianteiro, aspirou o cheiro do carro novo e tocou o metal brilhante no painel. Depois olhou para o novo amigo e pediu:

– Patrão, será que podia passar pela minha casa? Ela fica só a alguns quarteirões daqui.

Roy supôs novamente saber o que o garoto queria. Ele pensou que seu desejo era mostrar o carro para alguns dos meninos da vizinhança. 'Por que não?' – pensou. Orientado pelo jovem passageiro, Roy parou na frente de um velho conjunto habitacional.

– Patrão – disse o menino, quando pararam na esquina –, pode ficar aqui apenas um minuto? Volto já!

Roy concordou e o rapazinho correu para a entrada do prédio e desapareceu.

Depois de uns dez minutos, o pregador começou a imaginar aonde o garoto teria ido.

Ele saiu do carro e olhou para o alto da escadaria sem iluminação. Enquanto olhava, ouviu alguém descendo devagar. A primeira coisa que viu emergindo das sombras foram duas perninhas finas e tortas. Um momento depois, Roy compreendeu que era o menino carregando outra criança menor, evidentemente seu irmão.

O garoto colocou gentilmente o irmão na ponta da calçada.

– Viu? – disse ele com satisfação – É como eu lhe disse. É um carro novinho em folha. O irmão deu para ele e algum dia eu vou comprar um carro assim para você!"

Naquela manhã saí da aula dominical extasiado... Como aquela narrativa mexeu comigo! Meus projetos, meus sonhos e minha vontade de vencer recriaram em mim uma alma que não aceitaria ser derrotado pelas dificuldades da vida.

Eu nunca soube o que aconteceu com aqueles dois meninos, afinal, a história era antiga e acontecera em outro país, mas, comigo, eu já começava a entender direitinho o que iria acontecer! Então, ao invés de ficar me entristecendo e remoendo o fato de ser de uma família pobre, que não podia me dar recursos para ser alguém melhor, eu iria lutar para ser esse alguém e ajudar aqueles a quem eu amava a conquistarem uma vida melhor.

    Feliz, fui caminhando pelas ruas empoeiradas da minha cidade. Porém, apesar de, naquele momento, a cidade ser exatamente a mesma, em meu espírito havia um outro jovem. Voltei para casa com uma determinação e uma vontade inabaláveis: "Eu quero ser um irmão assim!"

## CAPÍTULO 16

# O Embaixador de Satanás...

Depois de um semestre fazendo cursinho com tanto afinco, sentia-me preparado para enfrentar o meu primeiro vestibular, afinal, havia estudado e me dedicado muito! Eu sentia que havia me superado e, realmente, aproveitado a oportunidade da bolsa, mesmo enfrentando uma dura rotina de trabalho e de estudos no cursinho.

No dia da prova, organizei-me com muita atenção: comprei canetas pretas – três, exatamente, para que não corresse o risco de que alguma viesse a falhar na hora do exame – e chocolates, para alimentar os neurônios – mas foram tantos que, se comesse todos durante a prova, certamente teria dor de barriga... Como bom candidato, cheguei com uma hora e meia de antecedência ao local da prova, pois me lembrava das imagens de estudantes que se atrasavam e que, ao se depararem com os portões fechados, sempre choravam de decepção nos telejornais.

Naquele dia, ao entrar na sala da prova, fui surpreendido por uma reação extremada de nervosismo e, por conta disso, sofri o famoso "branco" (história que conto com mais detalhes logo à frente neste livro). A verdade é que eu achava que estava preparado para fazer aquela prova; eu acreditava que havia me preparado bem, com esforço e sacrifícios, mas, naquele momento, o medo da derrota se fez presente. Então, concentrei-me na situação e nos fatos, entendendo racionalmente que precisava, também, organizar minhas emoções e subtrair a ansiedade e, depois que consegui diminuir o nervosismo e recuperar o autocontrole, fiz a prova de maneira relativamente tranquila, usando o tempo adequadamente.

Os dias de prova correram bem e eu tinha tudo para passar. Bem... quase tudo... Apesar de ter feito tudo certo, de haver me preparado e de ter controlado a ansiedade, eu não passei! Quando o gabarito do vestibular foi divulgado, percebi que não havia tido sucesso, pois minha nota de Química tinha me levado ao fracasso. Pelo cruel sistema no qual uma questão errada anula uma certa, eu havia tirado quatro negativos em Química. Não era zero: era menos quatro! Uma nota abaixo de zero! Senti-me um completo incompetente...

– E aí, filhão? Com tanto estudo você deve ter passado, né? – perguntou meu pai, animado.

– Não foi desta vez... – respondi, constrangido.

Ele ficou calado alguns segundos e, em seguida, retrucou, tentando me animar:

– Oh, meu filho, o que importa mesmo é a saúde, né? – esse é meu pai...

Eu não conseguira enxergar o motivo daquela tragédia. O que teria causado meu fracasso? E agora, será que eu conseguiria manter os estudos? Será que eu ganharia outra bolsa? Minha cabeça dura, naquele momento, não foi capaz de entender que precisaria mudar de estratégia.

Pedi ao meu pai que fosse comigo ao cursinho para pedir outra bolsa, e assim o fizemos. Então, graças à santa e elegante Professora Magdalena, consegui mais uma oportunidade, sem, sequer, receber outro chá de cadeira. Ela nos recebeu e nos deu a bolsa com muita facilidade – eu estava me sentindo um verdadeiro cara de sorte!

E eu, muito tagarela, não me contive e lhe perguntei, para desespero do meu pai:

– Uai, fessôra, da primeira vez a senhora demorou tanto a nos dar a bolsa. Foi tão difícil! Por que desta vez foi assim, tão fácil?

– Porque eu sei que vocês não vão embora enquanto eu não der essa bolsa. Como eu preciso trabalhar, eu vou logo adiantar o assunto – respondeu, com seu requintado sorriso.

Foi assim que eu recomecei a minha tentativa de passar no vestibular, mas, agora, ainda mais ansioso. Eu já houvera tentado e fracassado uma vez, por um sistema que dividia o vestibular em três provas aplicadas em cada ano do ensino médio – e que na Universidade de Brasília era chamado de PAS (Programa da Avaliação Seriada). Depois, ainda tinha tentado o meu primeiro vestibular e não havia conseguido. Agora, enfim, era minha revanche! Por isso, estudei muito, muito e muito. Não tinha como dar errado, já que eu tinha força de vontade e tinha tudo para conseguir. Analisei a estratégia da minha primeira tentativa e a segui novamente: estudar muito e sem descanso. Mas, como sabemos, uma mesma estratégia só pode gerar um mesmo resultado, e o resultado já nos é conhecido: reprovei de novo no meu segundo vestibular.

Meus pais estavam preocupados e minha autoconfiança havia evaporado. O que teria me levado a essa situação constrangedora? Eu precisava entender tudo aquilo: não bastava estudar muito.

Eu estava na cozinha, sentado à mesa, cabisbaixo, ponderando e enfrentando a realidade. Percebi que faltava algo e refleti longamente sobre o acontecido, de modo que, quando meu pai me perguntou por que eu não havia passado, pela segunda vez, eu tinha a resposta na ponta da língua.

– Meu filho, porque você não passou? – perguntou, com firmeza.

Tentei enrolar, dizendo que não sabia. Ele insistiu, dizendo que eu certamente sabia a resposta, pois me vira pensar sobre o assunto por uma semana.

– Você sabe o que está fazendo de errado. Me responda! Admita o seu erro! – insistiu, quase me irritando, com aquela angelical brutalidade que lhe era tão comum.

Daí, desabafei:

– Eu não passei por causa da Química! – falei alto, quase gritando.

Agora tentando ser calmo, ele me perguntou:

– E o que você pretende fazer a respeito?

– Eu vou estudar Português, Matemática, História, Geografia, Física, Biologia e Inglês. Eu vou tirar nota boa em tudo para que eu nunca tenha que estudar a maldita Química!

Ele, então, levantou-se, foi até o quarto e, de lá, chamou por mim. Fui quase que me arrastando, com má vontade e resmungando. Mas, quando entrei no quarto, em um relance, percebi que ele havia saído rapidamente, passando por mim e fechando a porta atrás de si.

Demorei alguns instantes para perceber que ele me havia trancado dentro do quarto. Só entendi, mesmo, quando ele apareceu pela janela veneziana gradeada, do lado de fora, rindo de mim e dizendo que eu estava de castigo. De castigo?! Eu?! Poxa, eu era um cara que me esforçava, trabalhava, corria atrás dos meus objetivos e, agora, estava de castigo?!

Esmurrei a porta. Exigi meus direitos. Clamei pelo Estatuto da Criança e do Adolescente. Pedi *habeas corpus*. Mas meu pai continuava impassível. Após muitos gritos e muitos minutos mais, quando definitivamente me acalmei, ele chegou pela janela e disse:

– Você precisa vencer essa barreira. Você só sai daí quando tiver coragem de enfrentar seus problemas de verdade. Enquanto você não começar a estudar Química, você não sai.

Fiquei de boca aberta, sem conseguir responder uma palavra sequer. Em cima da cama ele havia deixado um livro de Química, daqueles enormes, de volume único, que servem para os três anos do ensino médio. Olhando para ele, trancado naquele quarto, senti-me como uma criança. Sinceramente, eu estava furioso com meu pai, mas, de certa maneira, ele estava coberto de razão: de que adiantava eu estudar todas as matérias, se a minha dificuldade era a Química e eu não tinha coragem para enfrentá-la? Eu havia tirado nota máxima em História e Geografia, havia me saído muito bem em Português e em Inglês, não tinha me saído mal em Matemática, Física e Biologia; mas, na Química... Na Química eu amarguei mais uma nota negativa, a exemplo do que havia me ocorrido no primeiro vestibular. Tudo me dizia o que eu tinha que fazer, mas eu não fazia, porque minha estratégia de perdedor me levava a estudar tudo, menos a bendita Química!

A verdade, é que eu tinha um trauma de ensino médio, já que, na minha última escola em Anápolis, eu podia experimentar a Química nos laboratórios, o que me fazia gostar da matéria. Lembrava-me com carinho do professor Toninho, sempre tão prestativo e atencioso com os alunos. Todavia, quando me mudei para Brasília e me matriculei na nova escola, a matéria se tornou algo distante, com fórmulas ininteligíveis escritas a giz no quadro negro. Então, aquilo não me atraía; pelo contrário: dava-me uma aversão terrível e eu não conseguia entender nada do que era explicado.

Perdoem-me, por favor, os profissionais dessa ciência – que faz tão bem à humanidade –, mas minha experiência enquanto aluno não foi das melhores; e, quando o professor de Química entrava em sala, eu tinha a certeza de que havia chegado alguém que desejava a minha infelicidade, acredita? Antes mesmo de a aula começar, eu já criava um sentimento tão grande de aversão que isso se estendia ao professor. Eu o olhava ali, à frente, pronto para ensinar, e só conseguia enxergar um maléfico ser, um carrasco pronto a acabar com a minha vida. Quando ele sorria, eu imaginava o sorriso de um psicopata, alguém que se deliciava com a minha desgraça e queria me picar todinho, um monstro desejoso por me abater e destruir meus sonhos de conquista. Então, por mais que tentasse me concentrar, o suor frio tomava conta de mim, e minhas orações não funcionavam muito, posto que, apesar de tudo, ele continuava a parecer algo demoníaco, algo que roubava minha alma, que queria me tirar da minha grande conquista. Enfim: eu via meu professor de Química como o embaixador de Satanás!

Assim, minha dificuldade na matéria gerava um comportamento de autossabotagem, o que se refletiu diretamente no resultado do vestibular. Em vez de me esforçar mais no conteúdo, eu fugia dele, vivendo a ilusão de que notas excelentes nas outras matérias encobririam meu fracasso nessa disciplina. Mas o fato era que minha covardia me puxava para baixo, e o resultado negativo em uma gerava um terrível impacto na nota final das outras provas, anulando as boas notas nas demais matérias. Mas é bom deixar claro que eu não era ruim em Química: eu era péssimo! Nas provas do vestibular, tirava notas bem abaixo de zero e, ao invés de me tornar o melhor amigo dos professores dessa matéria, na tentativa de aprender algo, superando minha deficiência, terminava alimentando uma séria oposição a eles.

Quantos de nós fazemos isso todos os dias? Será que damos a devida atenção aos nossos pontos fracos, buscando superá-los? Que dificuldades nos impedem de realizar nossos sonhos? Será que estudamos apenas aquilo que nos dá prazer e deixamos os conteúdos "chatos" de lado? A matéria na qual apresentamos mais dificuldades não seria exatamente aquela à qual devemos nos dedicar mais?

Quando estudante de cursinho, preparando-me com afinco para o exame, fazia exatamente o contrário do que a razão me dizia para fazer. Minha aversão a Química, naqueles dois primeiros vestibulares, houvera sido maior que minha vontade de vencer, e isso era, com certeza, imperdoável. Por isso, naquele dia, trancado no quartinho com duas camas de solteiro e uma cômoda, olhei para o livro enorme: a "bíblia do capeta" – pensei comigo. E foi batendo uma grande solidão em mim, ali sozinho, seguida de um medo de enfrentar o mal. Meu fracasso estava detalhado nas páginas daquele grosso volume, estava descrito em fórmulas e conceitos ininteligíveis, esperando-me, encarando-me, sem piedade. Repentinamente, tive uma incomum vontade de ir ao banheiro, mas não havia qualquer sinal do meu pai para me libertar daquele cativeiro. O livro continuava me afrontando, como se sorrisse, desdenhando da minha covardia.

Assim, naquele momento, numa súbita e ousada decisão, resolvi enfrentar, pela primeira vez, o pavoroso vilão. Penso que, por conta da decisão tomada, ele, de repente, deixou de ser tão assustador. Sentei-me, abri-o e comecei a estudar com vontade e, quando me dei conta, senti que havia "rolado uma química", se me permitem o trocadilho. Eu resolvi que leria desde o início, para enfrentar o problema em sua raiz, de uma vez por todas, afinal, agora era tudo ou nada, pois eu não queria adiar mais nem um minuto a minha entrada na universidade.

Logo depois, meu pai apareceu na janela e percebeu o que eu estava fazendo. Fingi que não o tinha visto, para não dar o braço a torcer, mas nós dois enxergávamos que isso significava uma mudança na minha estratégia e, como bem sabemos, uma nova estratégia tende a gerar um novo resultado.

Naquele semestre não tivemos coragem de pedir mais uma bolsa de estudos no cursinho, afinal, duas vezes era plausível, mas três me pareceu um abuso. Passei a estudar em casa e no trabalho, contudo, dedicando-me, dessa vez, ao que realmente precisava estudar. Acho que nem preciso lhe dizer qual foi o resultado, não é mesmo? No meu terceiro vestibular, mantive minhas boas notas em todas as disciplinas, mas acrescentei uma nota positiva em química, e isso foi espetacular para mim, pois o resultado subiu de quatro negativos para quatro positivos! Sei que não era a melhor nota do mundo, mas, na época, era o suficiente para que eu entrasse na universidade, para o curso que eu houvera escolhido.

Essa conquista trazia um sabor a mais, porque, além de ser uma vitória que mostrava o resultado de uma estratégia certa de estudos, vinha, também, com o sabor de compreender que, a partir daquele momento, nunca mais precisaria estudar Química na minha vida, e isso era muito bom! Mas o engraçado foi perceber que, enquanto eu não encarei aquela matéria, ela não me deixou em paz – parecia me perseguir, me morder o calcanhar. Estudar e aprender a "disciplina do mal" significou uma vitória sobre ela. Era como se eu tivesse dado um chute definitivo naquele incômodo, naquele "capetinha" que corria atrás de mim, querendo roubar "minha alma".

Todos temos o direito de não apreciar alguma matéria ou ciência, mas não temos o direito de prejudicar nossa vida e nosso futuro por falta de coragem. Não gostar de Matemática ou de Português é normal, mas não é normal deixar que isso nos impeça de conquistar nosso espaço no mundo e no mercado de trabalho. Eu venci a Química e tornei-a um problema do passado para mim. E, confesso, quando hoje me lembro dos professores, que tantas vezes considerei "embaixadores de satanás", enxergo claramente a áurea que os envolvia, o esforço em se fazerem entender, em nos ensinar, em nos ajudar a conquistar nossos sonhos e, humildemente, agradeço por tudo que tentaram fazer por mim. Minha vitória traz, também, um pedaço deles!

A comemoração me fez voltar para casa todo sujo de farinha e de ovos. No ônibus, as pessoas ficaram longe, pois eu estava em estado lastimável. Todavia, a felicidade de encontrar meu nome exposto na lista dos aprovados na UnB não tinha explicação – eu estava imundo, mas em completo êxtase de felicidade!

Assim que apareci na esquina da minha rua, meu pai soltou fogos de artifício em comemoração, o que chamou a atenção de toda a vizinhança para o acontecimento, amontoando várias pessoas humildes ao portão, onde se via a enorme faixa amarela preparada por meus pais, parabenizando-me pela conquista. Então, o êxtase passou a ser coletivo, com muitos deles me abraçando, sem nem se preocuparem com a farinha e os ovos que eu tinha na cabeça e no corpo inteiro. Meus irmãos estavam felizes, entusiasmados com a repercussão daquele acontecimento, e eu me senti um verdadeiro vitorioso.

Meu pai se aproximou, emocionado:

– Oh, meu filho, até que você não é tão burro assim!

Percebia que minha aprovação havia operado uma mudança nas nossas vidas e que aquele era apenas o primeiro passo de uma série de conquistas que estavam por vir. A Helen – vizinha que morava em frente à minha casa e que costumava me chamar de pé de Toddy – não quis me abraçar, para não ficar com cheiro de ovo, mas estava efetivamente feliz, e abraçou minha mãe, dizendo:

– Tia, eu vou estudar também, porque, se até o tonto do Israel passou, eu também consigo!

E isso deveras se fez, porque, semanas depois, uma turma de vizinhos se juntou a mim e à minha irmã Estela para participar de um grupo de estudos para o vestibular, na Paróquia, perto da nossa casa. Como fiquei animado! Afinal de contas, sempre quis que a minha vizinhança tivesse força de vontade para estudar e criasse o desejo de crescer e se destacar. Contudo, enquanto eu reclamava de sua conduta acomodada, nada de bom acontecia e ninguém repensava o próprio comportamento. Somente quando eu mudei a mim mesmo e consegui entrar na universidade é que consegui provocar a mudança que sempre desejara nos meus vizinhos sofridos.

Na noite do resultado, depois da festa e dos fogos de artifício, quando todos os vizinhos já haviam ido embora e eu, finalmente, havia tomado o merecido e necessário banho, minha mãe se aproximou e me deu um abraço. Naqueles braços, vivendo um momento fundamental na minha vida, ela sussurrou, com a voz embargada:

– Você se lembra de quando entrou na quinta série? Lembra que eu voltei para a escola para poder te ajudar nos deveres de casa? – Na verdade, eu não me lembrava mais daquilo... às vezes os filhos são ingratos e cruéis com os próprios pais. – Você se lembra de quando entrou no ensino médio e eu também entrei para poder acompanhar sua evolução na vida escolar?

Naquele momento, toda a minha trajetória estudantil passou pela minha cabeça e pude constatar aquelas palavras: nas horas mais terríveis e, também, nos melhores episódios, a figura da minha mãe sempre esteve por perto. Às vezes nervosa, às vezes carinhosa, de vez em quando discutindo com as professoras, às vezes me corrigindo, mas sempre presente. Os deveres de casa eram tratados com grande atenção e ela sempre revisava antes que eu os entregasse aos professores. Minha mãe não tinha escolaridade, mas jamais houvera se furtado a acompanhar meu desenvolvimento acadêmico.

– Quando você entrou na quinta série, eu entrei também. Quando você entrou no ensino médio, eu te acompanhei – ela continuou a falar, ainda me envolvendo amorosamente com os braços. – Agora, você entrou na universidade e eu estou muito orgulhosa de você! Mas eu não posso ficar para trás, meu filho! As mães têm que ser mais espertas que os filhos. Você fique sabendo que, se você entrou na faculdade, eu também vou entrar. Me aguarde!

E não é que a coroa passou no vestibular no ano seguinte? Mãe de quatro filhos, esposa, cabeleireira e dona de casa, contra todas as previsões, ela havia conseguido. Naquele dia, eu entendi o que a frase do Mahatma Gandhi, lida por mim tempos antes, no livro doado por um professor socialista, realmente significava: "Seja você a mudança que você quer ver no Mundo."

Eu, que queria uma vizinhança mais interessada, pais mais cultos e irmãos que quisessem estudar, não consegui isso enquanto tentei mudá-los. Somente quando efetuei uma mudança em mim mesmo é que consegui que o mundo reagisse a esse exemplo, positivamente. Foi quando eu passei no vestibular que consegui que a vizinhança se interessasse pelo assunto, porque, pela primeira vez, viram-se em algum lugar de destaque por meio de mim. Enquanto eu reclamei da pobreza e da falta de cultura dos meus pais, eu não consegui nada, mas, quando eu inspirei minha mãe, pela minha aprovação no vestibular, ela reuniu forças para se tornar uma universitária e, depois, uma professora de português e de literatura.

Uma mudança em mim havia operado uma mudança no meu mundo! E isso era só o começo!

## CAPÍTULO 17

# Mas Samambaia Não É Uma Planta?

Minha entrada na universidade me deixou muito feliz! Agora, eu passava a conviver com trinta mil estudantes da minha idade, sem ninguém para vigiar! E eram tantas meninas lindas que eu não sabia para onde olhar... Todas inteligentes, cheias de si, donas de seus próprios narizes. Um mundo novo se apresentava para mim – mundo esse que eu havia conquistado –, então, era justo que eu o aproveitasse ao máximo!

De todos, a biblioteca era o lugar de que eu mais gostava, pois ficava encantado com seus quase um milhão de títulos. A verdade é que eu queria ler todos – desejo esse, é claro, que não consegui realizar... Mas, ainda assim, sentia-me tão rico por poder pegar quantos quisesse e levá-los emprestados para casa. Eu me sentia no paraíso!

Os professores eram incríveis: alguns simpáticos, outros malucos, outros, ainda, exigentes e malucos; mas também havia os mal-humorados. De qualquer modo, todos eram encantadores para mim, já que nos tratavam como adultos, donos do nosso destino, não dando qualquer colher de chá e jogando a responsabilidade em nossas costas, sem medo de que não déssemos conta.

Todavia, apesar de todas as maravilhas que eu vivia em meu novo mundo, iria sentir o peso de ser um universitário, afinal, a rotina de estudante da UnB era pesada demais! Além das centenas de páginas da carga obrigatória de leitura semanal, eu ainda tinha de dividir meu tempo com o trabalho. Havia conseguido um emprego de professor particular dos filhos de uma família rica, num bairro de residências elegantes. Eram dois meninos e uma menina – eles no ensino fundamental e ela no ensino médio. Os garotos eram bagunceiros, faziam-me perguntas constrangedoras, mas, com muito empenho, eu consegui fazê-los se interessarem mais pela escola e tirarem notas boas. Mas, mesmo sendo eu o professor, acabei por aprender algumas coisas, já que, entre outras coisas, o caçula me ensinou a criar uma conta de *e-mail*, fazendo-me, enfim, entrar na era digital.

Realmente, não era fácil estudar e, depois, trabalhar durante todo o restante do dia e da noite. Para chegar à universidade e, de lá, ir ao trabalho, precisava de até seis ônibus por dia. Não era uma vida mole, não mesmo! E, para piorar, a vida universitária custava caro. O almoço no famoso Restaurante Universitário (R.U.) podia parecer barato para a maioria dos estudantes, mas, para mim e um pequeno grupo de alunos, significava um sacrifício enorme. Quando algum professor, por exemplo, exigisse que fizéssemos um trabalho digitado no computador, eu ficava verdadeiramente apavorado! Eu não tinha acesso àquele equipamento e, ainda que o tivesse, não saberia como utilizá-lo...

Sendo bem honesto, entrar na universidade tinha sido difícil, mas eu jamais poderia imaginar que meus problemas estariam apenas começando quando me tornei aluno de graduação do curso de Ciência Política.

Outro inconveniente era o ônibus que seguia da rodoviária do Plano Piloto até a universidade, já que ele não passava com regularidade. Era comum ter de seguir a pé até uma avenida mais movimentada, onde havia a chance de buscar por outra alternativa que levasse à rodoviária. Porém, quando escurecia, o caminho era extremamente perigoso – especialmente para as meninas, já que não havia iluminação pública no trajeto, o que, infelizmente, abria casos a colegas tornarem-se vítimas de violência.

Em uma das aulas, descobri que um dos colegas era filho de um governador de estado, que outro era filho de um ministro, que outro era, ainda, filho de um empresário muito rico. Essas constatações faziam-me sentir muito orgulhoso de pertencer a um grupo de pessoas viajadas e inteligentes! Eu só ficava intrigado por não haver conhecido outro estudante morador da Samambaia, mas, como a universidade era grande, eu provavelmente encontraria alguém com o tempo. Ledo engano! Até me formar, não me depararia com outro "samambento".

Minha realidade ficou acortinada de meus colegas por algum tempo – não que ela me envergonhasse, mas, como constatei depois, é que nenhum deles imaginaria que minha origem fosse tão humilde. Mas tudo se mostrou numa aula de economia, que serviu para que eu me deparasse com um comportamento até então desconhecido por mim: o preconceito social. Levei um tempo para tomar consciência de que esse tipo de preconceito existia e que podia atingir pessoas com o meu perfil socioeconômico, afinal, quando estamos entre familiares e vizinhos, quando estudamos com colegas da própria comunidade em escolas próximas a nossa casa, não sentimos tal peso a nos olhar e nos julgar. Como somos iguais e entendemos a realidade do outro – nossos pais sofrem os mesmos dissabores, nossas roupas são parecidas, frequentamos as mesmas festas e os mesmos lugares – não estamos a enxergar pessoas que nos olham do alto. Nenhum de meus conhecidos, por exemplo, usava rede social ou bate-papo pela Internet. Aliás, Internet, que, na época, era discada, sempre fora algo muito distante para mim.

Em uma das disciplinas que eu cursava – Introdução à Economia –, minha turma era composta por cerca de trinta alunos, os quais, prontamente percebi, tinham origem diferente da minha, já que falavam de assuntos sobre os quais eu não possuía nenhum entendimento. Conversavam, entre si, por exemplo, pelo mIRC (avô do Twitter e do Facebook), coisa que eu jamais cheguei a usar. Além disso, muitos tinham viajado de avião para países estrangeiros e outros tantos chegaram a estudar na Europa e nos Estados Unidos. Dentre eles, vários haviam ganhado carros ao passarem no vestibular – eu me lembraria, sem ressentimento, que tinha sido presenteado com um forte abraço... Hehe!

Bem, voltando à aula em questão, o professor pediu que fizéssemos grupos de cinco alunos, começando um trabalho em sala que, ao final de aula, deveríamos nos organizar para concluí-lo na casa de um dos integrantes, a fim de entregarmos na semana seguinte. Eu, muito espertão, fiquei de olho para ver onde uma colega muito bonita iria se enturmar e, percebendo que ela havia definido um grupo, decidi chegar chegando.

– Oi, posso fazer o trabalho com você?

– Claro que pode! – ela respondeu muito simpática e abriu aquele sorriso...

Ai, meu Deus, me segura!

– *Yes*, tá me dando mole! – pensei eufórico ("Sabe nada, inocente!").

Mas o engraçado era que minha linda colega Ana Paula – esse era o nome dela – era a única menina do grupo. Com seus cabelos pretos, ondulados, corpo esguio, pele branca e olhos castanhos, parecia uma descrição comum, um retrato de mais uma brasileira bonita, sem nada de além. Contudo, a questão estava no fato de ela, sendo filha de uma pesquisadora do CNPQ, haver estudado o ensino médio em Paris, fato que lhe conferia um leve sotaque francês, de modo a que, quando falava, fazia beicinho e, para me enlouquecer, ainda errava o "erre"... Tudo tão discreto, sem afetações, mas com um charme de enfartar os quatro marmanjos, com cara de bobos, que aceitamos fazer o trabalho do jeito que ela mandasse, com cada um tentando chamar a atenção para si.

Ao final da aula, como ela precisava sair um pouquinho mais cedo, resolveu decidir logo a questão da continuidade da tarefa.

– Gente, podemos continuar o trabalho na minha casa?

Nós quatro nos entreolhamos e, todos juntos, respondemos com a cabeça em afirmativa:

– Aham...

Quando um de nós perguntou onde ela morava, Ana Paula respondeu, dizendo o endereço: no exclusivo bairro do Lago Sul. Fiquei emocionado, pensando: "Além de linda e de fazer biquinho, a garota é rica! Meu Deus, essa é para eu casar!"

Foi quando, sem que eu esperasse, a coisa desandou! Enquanto arrumávamos nossas coisas, para ir embora, Ana Paula, já quase saindo da sala, parou à porta, lembrando-se de algo. Por estar do outro lado da sala, longe de nós, falou bem alto, para que nós ouvíssemos:

– Meninos, eu me esqueci: minha casa está em reforma, com muita poeira, muito barulho! Os pedreiros estão trabalhando lá!... – Olhamos, esperando que ela concluísse – Vamos escolher a casa de outro para fazer o trabalho? – Em seguida, apontou para mim e perguntou, em alto e bom som – Pode ser na sua casa, Israel?

– Aham! – assenti com a cabeça, satisfeito (já me imaginei apresentando à minha mãe sua futura nora!).

Então, veio a pergunta fatal:

– Onde você mora? –

– Eu moro na 510 Sul de Samambaia – respondi bem alto, a fim de que ela escutasse.

Ela me olhou com olhos arregalados, colocou a mão no peito, instintivamente, e se lamentou, sinceramente:

– Tadinho!

"Tadinho?" – me perguntei. "Por que tadinho? Porque moro na Samambaia?"

Olhei ao redor e percebi que todos tinham parado de fazer o que estavam fazendo para me observar, em desolado silêncio. Senti-me um verdadeiro objeto de estudo antropológico; um extraterrestre! – era como se eu fosse alguém para ser analisado ali mesmo. E não demorou para que irrompessem em perguntas inacreditáveis, provocando uma balbúrdia.

– Você já levou um tiro? – perguntou um colega.

– Você usa drogas? – levantou outro.

– Já foi sequestrado? – falou um sem noção.

Eu não conseguia responder, tonto diante de tantos impropérios.

A filha de um diplomata egípcio (não me lembro se era o embaixador) não estava entendendo nada, já que seu português não era dos melhores. Acreditava que, ao falarmos de Samambaia, estivéssemos falando de uma planta, obviamente. Por isso, coube a um dos colegas, filho de um empresário bem-sucedido, conhecedor íntimo de Londres e de Paris, mas que não sabia direito para que lado ficava a minha cidade, tentar explicar para a estrangeira do que estávamos falando. Ele olhou para ela e disse:

– A Samambaia é um lugar de pobreza e miséria! A fome se espalha sobre aquele povo infeliz!

E a colega egípcia, muito consternada, veio correndo e me deu abraço, tentando me confortar do meu infortúnio tão desolador... Ao que permaneci parado, sem saber direito como reagir.

Eu não podia imaginar que alvoroço essa situação causaria. Naquele momento, acolhido pelos colegas como uma vítima dos infortúnios de destino, entendi quantos preconceitos eles tinham sobre pessoas de periferias distantes. A face cruel desse preconceito, porém, ainda não se apresentava a mim em seu forte e verdadeiro formato – foram necessários alguns meses até que ela se mostrasse com toda a sua feiura.

Mas, daquela vez, como você já é capaz de imaginar, o trabalho aconteceu na casa de outro colega.

# CAPÍTULO 18

# Trajetória de Uma Vencedora

*por Suelen Oliveira*

Meu nome é Suelen Oliveira, tenho vinte e dois anos e passei em Medicina na Escola Superior de Saúde.

Nasci em Ceilândia (cidade satélite de Brasília) e estudei a vida inteira em escolas públicas de lá.

Minha vida sempre foi bem conturbada, porque cresci no meio de pessoas com dependência química, o que fazia as coisas ficarem muito violentas em casa. Vivi várias vezes a situação de ter um compromisso de estudo, mas não poder sair porque estava tendo brigas dentro de casa, o que me fazia ficar trancada no quarto e, consequentemente, faltar à aula.

Dentro da minha casa era muito violento – hoje em dia melhorou bastante, porque as pessoas buscaram tratamento e fizeram os problemas amenizarem. Mas, antigamente, era muito complicado. Chegamos a, algumas vezes, sair de casa no meio da noite – eu, meu irmão e minha mãe –, porque nós estávamos sendo ameaçados. Já tive de ficar na casa de parentes durante meses, o que é complicado. Mas, ao contrário de me fazer desanimar com os estudos, isso foi o que me motivou a querer estudar mais ainda, porque eu não quis viver isso para sempre, entendeu? Eu desejava não depender de ninguém, não ser obrigada a sair no meio da noite e não ser forçada a ficar na casa de alguém. Eu desejava dar uma condição melhor para a minha família.

Em 2015 minha mãe não pôde mais pagar o aluguel e sustentar a mim e ao meu irmão, então, tivemos de conviver com minha avó, onde moravam ainda outros parentes.

Quando a pessoa que nos ameaçava parava por um tempo, conseguíamos viver mais tranquilamente. Mas, quando a gente menos esperava, a tal pessoa começava a beber, a querer dinheiro e a usar as coisas erradas, vindo recorrer a nós, afirmando que tínhamos que fazer isso, que tínhamos que dar dinheiro, e ficava "super" violenta, sabe? E passávamos a acordar de madrugada com o barulho que fazia. Quantas vezes acordávamos com chutes na porta, gritos a exigirem dinheiro, ameaças e mais ameaças. Se olhássemos torto para essa pessoa, por exemplo, a confusão já estava arrumada! Vivíamos sempre desse jeito; não podíamos fazer nada dentro de casa, éramos obrigados a ficar quietos. E isso atrapalhava tanto nos estudos quanto psicologicamente.

Houve uma fase na minha vida em que fiquei bastante frágil nesse aspecto psicológico. Foi bem difícil. Foi bem na época em que comecei a estudar para o vestibular de Medicina. Porém, tive o apoio de algumas pessoas e consegui me levantar e continuar rumo a meu objetivo.

Eu tive a sorte de não ter problemas no caminho até a escola, porque sempre estudei perto. O problema quanto à escola sempre foram as greves e falta de professores, que era muito. Chegávamos ao final do ano, querendo, por exemplo, prestar o PAS,* para ingressar na UNB, mas não havíamos tido o conteúdo necessário. Acho que isso é uma das maiores dificuldades para quem é de escola pública, porque, enquanto

---

* Programa de Avaliação Seriada da UnB. Um vestibular feito em três provas aplicadas ao final de cada série do ensino médio.

alunos de outras escolas particulares têm ali todo o conteúdo e são treinados para passar em vestibular, a gente não é orientado quanto a isso, a gente só é instruído a passar de ano e acabou.

Ainda havia a minha dificuldade particular: de, às vezes, não poder estar em casa e ter que estar na casa de outras pessoas. Às vezes eram locais distantes, justamente para não ficar muito perto de onde eu morava. Aí eu tinha que acordar mais cedo, para pegar ônibus e dormir em sofá, como já aconteceram várias vezes. Foi uma das dificuldades que eu enfrentei.

Sinto muito orgulho de ver hoje que eu consegui o que eu queria. Ainda estou um pouco longe de chegar ao ponto final. Quando eu ainda estava no ensino fundamental – em que ninguém acreditava na gente, porque em aluno de escola pública ninguém acredita, né? –, já desejava fazer um curso que me desse realmente vontade, e já desejava saber o que eu ia ser. Por isso, quando vejo por tudo o que passei, e que não foram coisas fáceis – noites estudando, festas que eu deixei de ir, momentos com família dos quais não participei – sei que tudo foi um sacrifício para ficar estudando e ter um retorno, como tenho agora. Isso me deixa muito orgulhosa. Saber que sou de escola pública desde o início e que não tive uma família muito estruturada, mas que, mesmo assim, eu consegui, é definitivamente um motivo de muito orgulho para mim.

A educação é importante na minha vida, porque foi o único meio que me salvou de muitas coisas e que vai continuar me salvando. Se eu fosse depender do meio que vivi, da cidade onde ainda eu vivo, acho que o meu futuro não seria algo muito bom. Eu tive bastantes exemplos ruins para seguir, e a educação foi o que me levou para um caminho bom, porque é ela a única coisa que, daqui para o futuro, nos fornece algo que ninguém vai tirar; é a única coisa que dá garantia hoje em dia para alguém.

Minha mãe é o motivo e a razão de tudo que eu consegui, porque se não fosse ela... ai... eu nem sei... Porque quanto a meu pai, eu já não tenho muito contato – ele não me ajudou. Se minha mãe também tivesse me abandonado, eu não teria conseguido tudo o que eu consegui, porque, mesmo com todas as dificuldades que nós tivemos, ela sempre apoiou a mim e a meu irmão a fazer o que a gente quer. Hoje meu irmão faz Enfermagem na UnB e agora eu entrei em Medicina. Só conseguimos isso porque nossa mãe falou para a gente ser feliz e sempre disse que queria que tivéssemos um futuro bom, que conseguíssemos tudo o que ela não pôde dar para a gente. Sem minha mãe, nada disso seria possível.

Eu lembro que, quando tinha já uns vinte anos, eu logo estava fazendo outro curso (Engenharia) e queria falar uma coisa para a minha mãe, mas estava muito sem graça. A verdade é que quando não temos uma situação muito boa, sabemos que o melhor é a gente se formar logo para poder ajudar em casa. Mas, mesmo assim, criei coragem para falar e cheguei para ela (sem graça, né?) e disse que queria largar meu curso e estudar de novo para o vestibular, porque o que eu queria mesmo era fazer Medicina. Então, minha mãe me olhou com firmeza e doçura e afirmou que eu deveria fazer o que me fizesse feliz; disse que a gente viveu com dificuldade todo esse tempo, mas que a gente nunca passou fome, nunca faltou o necessário dentro de casa, e que a gente poderia continuar assim até eu conseguir o que realmente queria. Vocês podem imaginar isso?

Eu tenho um amigo desde o fundamental – há mais de dez anos que somos amigos. Ele quis Medicina antes de mim e desde a escola falava em ser médico. Um dia, em uma aula de Geografia, um amigo de nossos colegas falou para o professor o curso que ele queria fazer, e o professor começou a rir da cara dele, incrédulo, como se ele não fosse conseguir. Essa é a prova de que nós não temos estímulo nenhum, nenhum!

Mas esse meu amigo hoje é interno – está fazendo o internato de Medicina, já no quinto ano, também na ESCS, e ano que vem já vai se formar e se tornar médico. Eu gostaria muito que esse professor de Geografia fosse à formatura! (risos).

Eu resumiria a minha vida em uma história complicada, com diversos desafios, mas que está caminhando para um momento melhor. Eu me segurei na educação, me segurei no meu futuro, não deixei que as coisas ruins me levassem para outros caminhos e, por isso, vejo que estou caminhando para, finalmente, uma vitória. Depois de tantos tapas que eu levei durante a vida, eu estou conseguindo várias conquistas.

A Suelen que eu vejo do passado foi uma menina muito pequena, que teve de ser forte para aguentar a vida em casa, que era complicada. Mas a Suelen de hoje é uma estudante que se dedica muito, por ter várias experiências ruins e não as querer para o futuro. Já a Suelen que eu vejo no futuro é uma boa profissional, que se destaca no que faz e é reconhecida.

Por isso, quero dizer a vocês, que estão estudando hoje, que nunca desistam. Eu já quis, diversas vezes, tanto que cheguei a ir para um curso diferente daquele que eu sonhava, pois não aguentava mais lutar e não conseguir, já que para um curso de Medicina é muito complicado de passar. Eu quis desistir várias vezes, mas, ainda bem, tive pessoas que não me deixaram fazer isso. Então, eu continuei. Se tivesse desistido, não estaria aqui hoje falando com você – que estou cursando Medicina, o curso dos meus sonhos. Se você quer fazer uma graduação, ou em qualquer outra coisa, siga em frente! Mesmo que seja difícil, como foi difícil para mim e para outras pessoas, não desista! Haverá várias pedras no caminho, vários tropeços, várias pessoas para dizer que você não conseguirá, para desestimulá-lo... Mas saiba que você consegue. Só basta você insistir e ter força de vontade.

Então, com esse incentivo, eu fui atrás do meu sonho. Participei de três aulões do Bora Vencer – foram três porque um deles, o de Ciências Humanas, eu não pude ir porque o ônibus não passou (depender do transporte público é mais uma das dificuldades que o estudante tem, já que é bem complicado). Por isso eu participei de três dos quatro que aconteceram. Esses aulões foram muito importantes, porque minha mãe não tinha dinheiro para ficar bancando cursinho. Fiquei sabendo deles pelas redes sociais e que eles eram tipo uma revisão para o Enem. Eles me ajudaram demais na aprovação! E boa parte dela também foi graças à aula da Professora Fabi, de Redação, que trouxe muitas dicas, fazendo-me conseguir aumentar 160 pontos na minha redação – o que foi um peso muito grande para eu ter ingressado.

Por isso, eu gostaria de agradecer ao projeto Bora Vencer, que eu venho acompanhando. Vejo que isso é um trabalho muito bom, porque quem sai do ensino médio não tem tantas instruções do que seria um vestibular, das opções para o futuro e de tudo o que se precisa para essas provas. Eu sou um exemplo, como várias outras pessoas de escola pública, de que, se nos derem uma oportunidade, nós conseguimos chegar a algum lugar.

Enfim, eu quero agradecer de verdade ao Bora Vencer. Que vocês possam continuar esse projeto, porque vai ajudar muitos jovens. Nós precisamos disso, porque nós damos conta!

# CAPÍTULO 19

# Um Planeta Chamado "Fome"

Em toda a minha vida eu gostei de histórias, pois, nelas, eu me consolava, eu me animava e, ainda, aprendia. Dentre minhas preferidas, sempre esteve a de Elza Soares, uma cantora revolucionária negra e brasileira que, em sua primeira aparição pública, viveu grande humilhação e deu a volta por cima.

No ano de 1953, com apenas dezesseis anos e casada desde os doze, Elza encontrava-se numa difícil situação, já que seu pequeno filho estava doente e ela não via como conseguir algum recurso para lhe comprar os remédios. Sem o apoio financeiro da família – justamente pelas sofríveis condições em que viviam –, conseguiu se apresentar no palco da rádio Tupi, num *show* de calouros conduzido pelo lendário Ary Barroso.

Elza fora ali porque, por conta da miséria em que vivia, tinha a esperança de, com a ajuda do programa, conseguir algum dinheiro para curar o filho. O apresentador ficou visivelmente pasmo diante daquela triste figura, que ali estava com roupas emprestadas da mãe e, por isso, muito largas para o seu esguio manequim, já que pesava cerca de 35kg. O cabelo também não ajudava: dividido em duas marias-chiquinhas, completamente mal penteado, dava-lhe a aparência de uma indigente.

Ao pisar o primeiro pé no palco, recebeu uma sonora gargalhada da plateia e um olhar de completo descrédito do apresentador. Ary levava o público ao delírio, com seu jeito hilariante e sua forma irreverente de zombar dos candidatos. Por isso, sem papas na língua e num tom totalmente debochado, logo perguntou, querendo fazer graça para o público:

– O que você veio fazer aqui?

– Ah, seu Ary... Eu vim cantar...

– E quem disse que você canta? – perguntou ele, petulante.

– Ah, eu canto desde pequena, sabe? Então, eu sei que canto, seu Ary...

– Então me responda uma coisa: de que planeta você veio? – o auditório foi à loucura, explodindo em risadas.

Já dona de sua hoje conhecida personalidade, Elza, tendo uma aparência que não correspondia a seu espírito grandioso, respondeu com olhar altivo:

– Ah, seu Ary, do mesmo planeta que o seu! – disse ela, já sem conseguir controlar a raiva e pensando no filho doente.

– E qual é meu planeta? – o apresentador ainda tentava debochar da candidata.

– Eu venho do Planeta Fome! – as palavras saíram quase que com as lágrimas que, com dificuldade, segurava.

O auditório se calou, envergonhado com a resposta. Não se sentindo mais à vontade para brincadeiras e aparentemente penalizado com a resposta não esperada, o apresentador deu, assim, a deixa para que a favelada e esquálida caloura tentasse exprimir sua música. Foi, então, que a pequena Elza cantou "Lama", de Aylce Chaves e Paulo Marques, com uma grandiosidade e beleza de musa.

Ali, no meio daquele conhecido palco, apresentador, jurados e público, totalmente estarrecidos e maravilhados, viram a primeira luz de uma estrela de grandeza desmedida, fulgor esse que emanava de sua voz e de seu espírito, apesar das roupas desengraçadas, dos cabelos de mendicante e do rosto lastimável. Elza Soares cantou para um Brasil que se calou, em choque, reconhecendo que ali estava uma reivindicação, um grito, um manifesto público de força e de vida – toda a garra de alguém que nasceu para vencer.

Ary Barroso, ao final da música, aproximou-se da mirrada candidata e disse para o auditório:

– Senhoras e senhores, neste momento, acaba de nascer uma estrela!

Elza recebeu a maior nota, o que lhe garantiu uma premiação em dinheiro e uma curta fama inicial. Todavia, suas dificuldades de vida permaneceram por longos anos e, nelas, foram incluídas a perda de seus dois primeiros filhos, que morreram de fome. Viúva aos dezoito anos – o marido morreu de tuberculose –, permaneceu com sua vida simples e seus subempregos, típicos das mulheres brasileiras pobres e negras: empacotadeira, lavadeira, faxineira.

Por não abrir mão de seu espírito guerreiro e de sua vontade de gritar em forma de canção, Elza volta aos palcos anos depois, com uma visibilidade não mais perdida e uma crescente fama, notadamente internacional – chegou a morar por anos nos Estados Unidos e na Europa, numa quase infindável turnê.

Escolhida como madrinha da seleção brasileira, na Copa do Mundo do Chile, em 1962, viveu um encontro com dois grandes nomes, os quais fariam parte de sua vida pública e privada: Louis Armstrong (astro do jazz e uma de suas influências musicais) e Mané Garrincha (astro do futebol e seu futuro marido).

Casada por dezesseis anos com o famoso craque Garrincha, sofreu muito preconceito social, já que o jogador se divorciara para unir-se a ela. Ainda assim, a cantora permaneceu inabalável em seu jeito e sua carreira, pois sabia de seu papel enquanto cantora e mulher.

Afinal, o que Elza Soares representa? Bem, ela representa tanta coisa que vale a pena deixarmos isso aqui marcado, afinal, sua trajetória é igual à de milhares, que vivem situações semelhantes, como o sofrimento, a fome e a miséria. Como mulher, ela traz a realidade das meninas que se casam e engravidam precocemente, das mães que presenciam a morte de filhos, por falta de saneamento básico, ou que são obrigadas a entregá-los à adoção para garantir-lhe a possibilidade de sobrevivência (Elza entregou a única filha a uma família rica, que lhe negou contato com a criança) e, também, das esposas vitimadas pela violência doméstica, tantas vezes fruto do alcoolismo dos maridos. E, como brasileira, ela configura os que sofrem racismo, já que teve seu primeiro disco rejeitado pela gravadora, que se recusava a ter uma artista negra.

Todavia, mais do que simbolizar todos esses infortúnios, Elza Soares marcou nossa Nação como a desprezada que venceu apesar de tudo, como a obstinada que realiza os próprios sonhos, como a mãe que amou incondicionalmente os filhos. Afinal, com tantos dissabores que a vida lhe trouxe, ela ainda lutou contra a violência, o machismo e o preconceito, sendo vanguardista na arte, por estar sempre na fronteira entre o hoje e o futuro.

Essa esplendorosa artista saiu do Planeta Fome e deu voz aos excluídos, com seu grito em forma de canção, e alcançou o sucesso de público e de crítica. Em 2000, foi eleita pela BBC de Londres como a cantora do milênio. E, no ano em que escrevi este livro, ela já estava com quase oitenta anos de idade, e permanecia mais viva do que nunca. Sempre revolucionária, lançou o álbum *A mulher do fim do mundo*, o qual lhe conferiu, em 2016, mais um Grammy – o "Oscar" da música.

# CAPÍTULO 20

# A Hora do Meu *Show*!

Assim que entrei na universidade, percebi a necessidade de me sustentar. Naquela época, os programas de assistência social estudantil ainda não estavam consolidados, e cada um tinha que se virar da melhor forma.

Num mundo tão novo, eu me sentia invisível em vários momentos, como toda vez em que um professor pedia um trabalho digitado em computador – algo ainda inacessível para pessoas pobres. Sentia-me, também, totalmente à margem quando os colegas faziam confraternizações e festas à noite, já que eu não podia comparecer, pois não teria como voltar para casa, tendo em vista que não havia ônibus a partir de certa hora da noite. Outro problema estava na minha composição externa: se eu dependesse da minha aparência física e das minhas roupas para ganhar simpatia e apreço de alguém, seria um fracasso completo! Por isso, eu entendi que precisaria me destacar de outra forma, de preferência, pelo meu esforço e dedicação.

A primeira oportunidade surgiu quando me voluntariei para dar aulas de História num projeto social em Samambaia. O "Greve" (Grupo de Estudos para o Vestibular) funcionava na sala de catequese da paróquia São José Operário, próxima à minha casa, e tinha um projeto comunitário que me encheu de entusiasmo.

Apesar de nervoso, eu sentia uma animação fora do comum, pois além de entender a importância do meu papel, acreditava que estava conquistando meu espaço, apresentando meu talento e subindo, então, ao meu palco. E, para minha alegria e concretização dos meus sonhos, foi tudo incrível! Percebi, de imediato, que nunca mais poderia deixar de sentir a emoção que estava sentindo, que nunca mais abandonaria a sala de aula, que aquele era o lugar no qual eu queria viver para sempre. Ali eu conquistara a admiração e o respeito das pessoas, independentemente da simplicidade da minha roupa, da cafonice do meu corte de cabelo ou do meu tênis tão surrado. Todos que ali estavam queriam me ouvir, queriam o que estava dentro de mim! E, por isso, eu entreguei meu tudo: conhecimento, afeto e fé em cada um deles.

Os resultados maravilhosos foram se seguindo, pois eu era visivelmente admirado pelo que sabia, pelas palavras que eu dizia, pelo conhecimento que eu transmitia e que poderia transformar a vida de cada um. E até hoje, para mim, não pode haver admiração mais desejável que essa: a valorização do conteúdo, e não da aparência.

É importante que entendamos que quando olhamos para o que somos de verdade, para a nossa essência grandiosa, enxergamos o tudo que podemos ser e conquistar. Como Elza Soares, temos o compromisso de deixar um público debochado extasiado ao constatar nosso poder de fazer acontecer, não importando o quão inferior aos padrões sociais venha a ser nosso exterior. Somos o que temos dentro de nós! Somos nossos sonhos, nossa gana, nossa vontade de viver a cada dia, apesar de tudo.

# CAPÍTULO 21

# Trajetória de Um Vencedor

*por Ésio Gustavo*

Meu nome é Ésio Gustavo Pereira de Freitas e tenho 19 anos. Sou estudante universitário do curso de Engenharia, da Universidade de Brasília.

Quando fiz o ensino médio, estagiava e estudava em Brasília. Saía às seis horas da manhã de casa e chegava somente às nove horas da noite, o que não me deixava muito tempo para estudar – isso me prejudicou muito.

Durante o ensino médio, sofri bastante com a questão de ônibus, porque, como eu ia para o estágio e depois ia para a escola, de Santa Maria para Brasília os engarrafamentos são enormes, e isso dificultava muito a minha ida à escola. Por isso, no meu primeiro ano, estudei no Gama, em uma escola pública de lá. Depois que consegui fazer um estágio pelo Sicilianp, fui fazer outro na OAB e, então, para não atrapalhar os meus estudos, comecei a estudar no Paulo Freire, que é a escola pública no final da Asa Norte.

Nessa época, eu acordava às seis horas da manhã, me arrumava e ia para a OAB, a fim de chegar às 8h30 lá. Depois, saía do estágio, ao meio dia, para correr e chegar às treze horas na escola, onde ficava até as dezoito, chegando em casa em torno de vinte horas ou vinte e trinta.

Eu levava marmita para o trabalho e, de lá, ia para a escola, pedia para quem trabalhava na limpeza para esquentar para mim. Eles esquentavam e eu comia – praticamente "engolia" a comida – porque tinha que correr para a sala de aula.

Do estágio para escola, eu demorava uns trinta minutos, pois era do final da Asa Sul para o final da Asa Norte, e, depois, tinha mais vinte minutos para esquentar a comida, engoli-la, escovar os dentes e estar preparado para enfrentar uma sala de aula, a tarde inteira.

A minha conquista foi que eu consegui entrar na UnB, no *Campus* do Gama, que tem o curso de Engenharia de *Software*, considerado o melhor do Brasil – que é no que quero me especializar. Essa façanha foi uma vitória tanto para mim quanto para a minha família, porque sou de origem humilde, sempre estudei em escola pública e consegui entrar em uma universidade federal, visto que quem estuda aqui está no topo da pirâmide social. Isso foi um grande triunfo!

O que eu fiz foi estudar, mas o grande problema é que eu passei o ensino médio – na verdade, passei toda a minha vida estudantil – escutando os meus professores falando que eu tinha que estudar, mas, infelizmente, nunca me disseram como. Eu tenho certeza de que o grande diferencial foi, antes de começar os meus estudos, parar por três meses para aprender a estudar. Li diversos livros, como os do professor Pierre, assisti a vídeos de palestras no Youtube, vi vídeos americanos falando sobre o assunto e ouvi dicas de profissionais de *coaching*. Então, o meu primeiro passo foi aprender a estudar. Porque, atualmente, o professor chega à sala de aula e escreve um monte de exercícios na lousa, um monte de matéria, e você tem que copiar e decorar aquilo. Mas estudar não se resume a isso! Por isso eu me dediquei a aprender com se faz.

Saber que se está pronto é uma coisa bem incerta, porque sempre tem uma insegurança e, também, acaba que a gente nunca aprende tudo. Não há como assimilar tudo, o que nos deixa inseguros. Mas, de qualquer modo, eu comecei a me preparar, porque achei que três meses já era muito tempo, e eu quis adiantar logo o estudo, porque se ficasse me preparando demais, nunca iria conseguir estudar e nunca iria conseguir passar numa prova.

Eu posso dizer que me considero uma pessoa de sucesso, porque a minha meta, o meu sonho, como jovem, era conseguir entrar na UnB, conseguir entrar uma universidade federal. Como eu consegui alcançar esse sonho, sinto-me realizado. Tenho outros sonhos para conquistar, mas, hoje, eu estou realizado.

Fui criado por mãe solteira, entende? Ela sempre trabalhou para me sustentar, para me criar. Hoje, ela ainda tem o meu irmão para cuidar – agora ela é mãe solteira de dois filhos. Então, eu vejo toda a dificuldade, todo o esforço dela para que nós tenhamos estudo. A meta dela é essa: ela vive para isso, para nos dar o melhor. Então, essa foi e é a minha motivação.

Acho muito importante que a educação seja valorizada no Brasil, já que, ultimamente, ela tem sido jogada de lado. Cortaram verbas de universidades, escolas são deixadas de lado, com situações precárias, estudantes e professores não são motivados. Seria muito importante a valorização da escola, começando-se pelo ensino fundamental e, futuramente, indo para o ensino médio e a faculdade. Penso que se deve começar pela base, principalmente o ensino fundamental, que é o mais prejudicado, o mais precário. Para que se incentive o estudo, a educação deve ser boa desde pequeno, porque não adianta você querer incentivar só as universidades federais, onde quem realmente passa é quem de fato teve um bom ensino fundamental e, posteriormente, um ensino médio de qualidade. Para realmente deixar a universidade mais democrática, a solução seria investir em ensino fundamental ao invés de criar várias cotas, entendeu? Se hoje em dia tivéssemos uma educação pública melhor, tanto quanto é uma particular, não precisaríamos ter cotas.

A importância da educação na minha vida é que ela é o único meio de mudar minha realidade. Hoje, se vejo que minha mãe passa algumas dificuldades, ou se vejo algo que gostaria de ter mas que não posso, sei que, se estudar, terei a porta certa para conquistar isso. Os estudos são o único meio capaz de me fazer alguém graduado, futuramente com mestrado e até doutorado. É o que eu quero. A educação é a única forma de eu poder dar um futuro melhor para minha mãe, para que o meu irmão não tenha que passar pelas situações que eu tive que passar.

Quando penso no projeto Bora Vencer, lembro-me de algo que foi o que mais se destacou para mim: as aulas/palestras eram focadas em questões. Achei aquilo um diferencial muito grande em relação às outras, porque, normalmente, quando você vai a uma palestra (assim: sobre estudo, sobre matérias, sobre concursos ou vestibular), o professor chega e dá uma matéria que você já viu na escola. Lá, eles resolviam questões, davam uma visão do exercício. Isso fez o grande diferencial, porque na escola nós não fazíamos questões.

Se fosse dar um conselho às pessoas, numa visão psicológica, diria: confie em você, sempre, porque quando você fala que vai conseguir e realmente acredita, o seu corpo reage de uma forma diferente. Já numa visão técnica, eu dou a dica para fazer muitas questões, pois acho que isso é a chave para se conseguir passar em uma prova. Então, faça os seus estudos focados na prova, pois nela não cai tudo.

CAPÍTULO 22

# Um Tapa de Luva na Cara do Preconceito

Eu ainda cursava um dos primeiros semestres do curso de Ciência Política, quando passei por uma situação que me tiraria de vez do ideário de "coitadismo" imposto por meus colegas.

Naquela ocasião, estávamos com uma atividade em sala que consistia em criarmos uma disputa entre dois colegas a respeito de temas predefinidos pelo professor – era a simulação de um debate entre candidatos à presidência, algo comum em algumas disciplinas do curso. Os próprios colegas atribuiriam as notas e o preferido da turma ganharia a demanda.

Como sempre gostei desse tipo de atividade, na qual pudesse expor e defender minhas ideias, acabei sendo um dos debatedores e, naquele dia em especial, parecia que eu estava realmente inspirado. Como sempre fizera em todos os meus anos de estudo, dediquei-me bastante aos assuntos propostos para a disputa e acabei por dominar o tema indicado com perfeição – eu realmente estava orgulhoso de mim, já que estava ganhando de lavada! Já meu oponente, que parecia não haver se preparado com igual empenho, não conseguia responder às perguntas adequadamente: gaguejava, não demonstrava pleno domínio dos temas em questão e começava a ficar visivelmente nervoso.

Quando chegamos ao último bloco do debate, depois de eu haver ganhado aplausos por uma boa resposta, meu colega, furioso, levantou-se e chutou a carteira para trás, como se desse um coice. Diante desse comportamento, fiquei em alerta, achando que ele iria me bater, mas o que fez foi ainda pior que uma agressão física. A plenos pulmões e diante de todos, ele esbravejou:

– É isso que dá gente pobre na universidade! Estão vendo? Acha que é gente pra me enfrentar desse jeito. Você devia estar varrendo o pátio, Israel!

A turma ficou muda, em estado de choque. Eu, a princípio, fiquei sem ar, pois geralmente não respondo a ofensas desse tipo – vale lembrar que sou meio lerdo e que nunca sei exatamente quando alguém está tirando onda com a minha cara... Todavia, aquilo foi bastante claro e, de verdade, pior do que se ele houvesse me golpeado com um soco no estômago.

Então, como se minha vida inteira tivesse me moldado e me fortalecido para aquele momento, falei duro e elegantemente, com as palavras sendo moldadas por cada um daqueles dias de luta, vividos com tanta vontade:

– Olha aqui, fulano: você estudou nas melhores escolas, ganhou um carro importado quando entrou na universidade e viajou pelo mundo todo! Seu filhinho de papai! Eu estudei em escola pública, pego dois "busão" pra chegar aqui todos os dias e tenho que trabalhar pra me sustentar. Mas quero te lembrar de uma coisa, uma só: de que eu passei no mesmo vestibular que você passou para estar aqui. E, aqui, eu sou igual a você!

E aquelas palavras foram a minha maior vingança, pois a turma irrompeu em gritos e aplausos, na maior zoação. Eu vivi, naquele momento mágico, a alegria de ser aplaudido e admirado por meus colegas ricos, oriundos de "berço de ouro", moradores de bairros nobres e estudantes que haviam frequentado escolas particulares de tanta qualidade. Naquele dia eles me viram como a um igual, como alguém que podia até ter vindo de um lugar precário, mas que, naquela universidade, estava em pé de igualdade com eles.

Aquele episódio foi muito especial para mim, pois eu ganhei autoconfiança e respeito dos meus colegas de turma, além de ter percebido que não devia nada a ninguém, afinal, quem corre atrás dos seus sonhos e se esforça, acaba recompensado. O esforço é a única esperança para quem não nasceu em família abastada.

Sinto-me entristecido quando vejo gente que abaixa a cabeça e aceita os limites impostos por terceiros. Se dependesse do meu colega do debate, o máximo que eu alcançaria na minha vida seria um emprego de faxineiro da universidade. Todavia, a verdade era que eu estava ali, com todos os direitos de qualquer outro estudante, e não seria limitado por ninguém! Com meu esforço, era capaz de conseguir grandes façanhas que davam orgulho aos meus pais, meus irmãos e, vejam só, até a meus colegas da universidade!

Sei que muitos jovens e adolescentes pobres aceitam um destino medíocre porque acreditam no que os outros falam e, por isso, não se sentem capazes de se superar, não criam a coragem de arregaçar as mangas e de correr atrás dos próprios sonhos. E quantos outros estão em situação ainda pior, pois não conseguem sequer definir metas para a vida, conservando-se num mundo vazio de motivações e de sonhos. Muitos desses jovens provêm de famílias pobres, as quais os ensinaram a pensar pequeno – infelizmente, eles aceitaram acreditar nessas falas, nessas mentiras tão cruéis. Assim, frases ouvidas na infância ressoam em seus ouvidos, impedindo que cresçam na vida, refreando o construir de uma estrada nova e totalmente possível.

– "Isso não é pra gente como você."

– "Estudei em escola pública, não vou passar no vestibular."

- "Filho de pobre morre pobre."
- "Você devia se contentar com o que tem."
- "Esse emprego não é pra você."

Sei que você seria capaz de dizer outras tantas, não é verdade? Somos inundados por essas declarações, que vêm até mesmo de pessoas que nos amam. Entretanto, esse tipo de afirmação funciona como uma fôrma, que vai moldando nossa mente, deixando-a do tamanho em que acreditamos que podemos ter. Nossas famílias, nossos vizinhos, nossos parentes e amigos, por melhores que sejam suas intenções, acabam nos impondo crenças limitantes, que são verdadeiras barreiras ao nosso desenvolvimento, prendendo-nos a uma vida medíocre e sem conquistas.

Nessa questão e em outras, famílias mais ricas e educadas acabam levando grande vantagem sobre as demais, já que seus filhos são ensinados a desejar o melhor para si, a acreditar que aquela "supervaga" de concurso, que paga um enorme salário inicial, seja naturalmente deles. Esses jovens são instruídos a confiar que as melhores oportunidades de negócios e de intercâmbio no exterior, ou, simplesmente, que as chances de fazerem sucesso, sejam deles por natureza. Enfim, eles são doutrinados a crer que são vencedores em sua essência – e vamos considerar: tal crença é uma grande vantagem no mundo altamente competitivo em que vivemos.

Quem nasce em família humilde tem o desafio de deixar a mente pequena para trás e de criar uma nova forma de enxergar o mundo. Para mim, o desafio foi mudar a cabeça dos meus irmãos – pois meus queridos pais sempre acreditaram que chegaríamos longe! Unindo minha vontade às crenças paternas, falei inúmeras vezes aos ouvidos de Estela, Thiago e Talita, mostrando-lhes que éramos tão bons como quaisquer outros e que, por isso, não devíamos nada a nenhuma família mais rica e poderosa. Os efeitos dessa mudança foram incríveis: tornamo-nos mais ousados, passamos a frequentar lugares que não eram considerados próprios para gente de nossa classe social, ficamos mais unidos como família e, para nossa completa alegria, os resultados vieram para os quatro: entramos na universidade, passamos em concursos públicos e começamos a nos relacionar com pessoas influentes. Nossa história se tornou motivo de orgulho para familiares e vizinhos e, por essa razão, sempre a contamos para quem quiser ouvir, como forma de motivação, a fim de que pessoas encontrem em si mesmas a força necessária para a busca da superação.

Hoje, quando me lembro da bicicleta verde abacate, um sentimento de carinho e orgulho toma conta de mim, pois percebo o quanto fui longe e o quanto acredito que ainda posso caminhar muito mais. Aos 16 anos, entregando gás e compras pelas ruas empoeiradas de Samambaia, eu, um "pé de Toddy" como era, já trazia em mim todas as características necessárias para ser tudo o que sonhava. Muitas vezes, ao preparar os lanches na chapa quente como balconista, em meio à pobreza de um bairro de periferia, mal conseguia devanear, mal tinha tempo para sentir intensamente meus planos de uma vida melhor. Mas a verdade é que eles estavam ali, sempre estiveram: a graduação em uma universidade pública, a conquista de importantes cargos públicos, o projeto de fundar uma escola de sucesso, a eleição como deputado distrital por duas vezes.

Neste momento, enquanto encerro esta obra, vem-me à cabeça a lição que agora tento repassar a todos os meninos e meninas que têm sede de vencer: preparem-se para oportunidades que vocês ainda não podem ver; abracem, sem medo de errar, as chances de se aprimorarem nos estudos e no conhecimento; agarrem-se a seus sonhos e não os larguem por nada! Em minha vida, estudando e conhecendo tantas histórias e tantos depoimentos, nunca ouvi alguém arrependido de ter estudado e adquirido mais conhecimento; nunca soube de alguém que não tenha vencido após colocar nos livros a sua fé e fazer deles a sua escada.

CAPÍTULO 23

# Agora, Mãos à Obra: Bora Vencer!

Após ter lido tantas histórias interessantes e entender do quanto você é capaz de realizar na sua vida, uma pergunta deve estar lhe corroendo as ideias: "Ok, mas como faço para estudar da maneira certa?"

Não se preocupe, pois esta parte está justamente voltada para isso, ou seja, está direcionada a lhe propiciar algumas orientações importantes sobre prática de estudo. Mas, primeiramente, é necessário que você compreenda algumas coisas:

Pessoas importantes na sua vida, como seus pais e seus professores, não lhe forneceram tais conselhos porque, provavelmente, não sabiam sobre eles. Nenhum educador deseja ver jovens compromissados estudando de forma errada, pode acreditar!

Cada pessoa é uma pessoa. Isso significa que vou lhe apresentar um método de caráter generalizado, o qual você adaptará à sua realidade e ao seu perfil.

Essas orientações são fruto de muita pesquisa neurocientífica, ou seja, não são instruções criadas ao acaso ou baseadas em experiências particulares. Sendo assim, a chance de você obter sucesso ao segui-las é de, praticamente, 100% – tudo depende de você agora!

Vamos falar por partes, para que você possa entender legal:

# 1ª ORIENTAÇÃO: Aula × Estudo

A maioria dos estudantes confunde momento de aula com momento de estudo. Então, vamos entender:

## *Aula*

Situação em que alguém que possui um pouco mais de conhecimento que o seu, em determinada área, transfere o que sabe. Nessa hora, devemos ficar atentos, anotar tópicos importantes do que foi falado e copiar no caderno o que foi colocado no quadro.

As aulas acontecem no período letivo escolar, sendo, geralmente, de segunda-feira a sexta-feira ou de segunda-feira a sábado.

## *Estudo*

Momento solitário e de concentração pessoal – pode ser em casa, numa biblioteca ou em qualquer outro lugar reservado e tranquilo. Nessa hora, devemos reler os assuntos falados em sala de aula, criando resumos, tópicos ou destacando-os no caderno e no livro, além de fazer exercícios propostos pelo professor ou que conseguirmos por conta própria. Essa é a etapa mais importante, pois é nela que o conteúdo realmente será armazenado como conhecimento. Quando você revisa e exercita o assunto ministrado em sala, faz seu cérebro arquivá-lo como algo realmente importante.

Um estudante de verdade estuda todos os dias, e não somente em semana de prova. Na verdade, quem deixa para a semana das avaliações acaba tão somente decorando regras e fórmulas para usar apenas naquele dia ou no dia seguinte, e tais informações são descartadas pelo cérebro. Se você já fez isso sabe que estou falando a verdade. Matéria estudada de véspera é conteúdo jogado todo fora, pois não foi arquivado da maneira certa.

Para que o conteúdo se torne um verdadeiro conhecimento, o estudante precisa ter uma vida de estudos. Assim fazendo, guardará as informações com profundidade e precisão, tendo-as sempre disponíveis para quando precisar no futuro – quer seja para uma prova escolar, quer seja para o Enem ou um vestibular. Quando a pessoa estuda de forma certa, leva o que estudou para a sua vida inteira!

## 2ª ORIENTAÇÃO: Você aprende melhor quando mostra interesse

Durante a hora da aula ou no momento de estudo, mostre para você mesmo que esse momento é importante, pois seu cérebro guarda, de verdade, aquilo pelo qual você demonstrou interesse. Como fazer isso? Aqui vão as dicas:

▶ **1º Passo** = Sente-se de forma adequada, porque, quando fica curvado em sua carteira, está construindo a informação de que o assunto é desinteressante e, provavelmente, até sentirá sono.

▶ **2º Passo** = NUNCA converse durante a explicação de um professor, pois isso quebra seu raciocínio e prejudica depois, quando você for revisar a matéria em casa. Não aceite que seus colegas atrapalhem seu aprendizado, desviando sua atenção daquilo que é o mais importante naquele momento – diga que depois da aula vocês conversam. Lembre-se de que seu futuro está em jogo!

▶ **3º Passo** = Tente sorrir. *Sorrir? Por quê?* Isso é algo tão importante, que irei lhe explicar agora de forma mais completa, a fim de que você possa entender e utilizar essa técnica "mágica" por toda a sua vida!

Na hora em que você vai assistir à aula ou estudar, é importante que esteja mais atento e satisfeito com a situação, afinal, aprendemos mais rápido e com mais facilidade aquilo que nos alegra.

*Mas de que maneira isso realmente afeta meu aprendizado?*

Você já ouviu falar das amígdalas? Pois iremos conhecê-las uma pouco mais agora:

Sendo, na verdade, um grupo de neurônios, as amígdalas cerebelosas fazem parte do sistema nervoso e são responsáveis pela aquisição de informações de perigo, pelo entendimento sobre o que há no mundo e pela elaboração e produção de respostas ao estresse. Sua localização garante importantes conexões cerebrais e promove o adequado desempenho e harmonia entre as atividades emocionais: amizade, amor, afeição, humor, ira, agressividade e, principalmente, medo.

Como são o centro de percepção do perigo, as amígdalas são fundamentais para a autopreservação, pois geram medo e ansiedade e nos fazem ficar em posição de alerta, ou seja, colocam-nos prontos para fugir ou para lutar. Isso nos mostra que, sem elas, perderíamos o sentido de afeto e de percepção e não entenderíamos as mensagens vindas do exterior, como ao avistar e reagir a uma pessoa conhecida – até saberíamos o que estamos vendo, mas não entenderíamos se gostamos ou desgostamos daquilo. Mas o contrário também é ruim, pois o estímulo excessivo dessa estrutura nos torna altamente violentos, descontroladamente agressivos e, infelizmente, paralisados pelo medo.

As amígdalas fazem parte do chamado cérebro profundo, por trazer nosso instinto de sobrevivência. É ela que auxilia, por exemplo, que consigamos escapar de situações de risco ou perigo; todavia, também é ela que nos obriga a lembrarmos de nossos traumas infantis e de tudo aquilo que nos fez sofrer em algum momento. O que acontece é que as lembranças e experiências que guardamos com muita carga emocional ficam associadas a essa estrutura, provocando efeitos tais como: aceleração do coração, aumento do ritmo da respiração e liberação de hormônios do estresse, que nos levam ao pânico. Já as pessoas que, por exemplo, possuem a amígdala danificada, ficam incapazes de detectar situações de risco ou perigo – o que é algo muito ruim e perigoso!

Agora que já entendeu o poder que tem, use-o a seu favor e, além de sentar adequadamente e não aceitar conversas paralelas, você procurará ficar atento e sorrindo durante as explicações do professor e durante seus momentos de estudos particulares. Faça seu cérebro guardar o conhecimento que lhe será tão importante, afinal, é você quem manda nele!

## 3ª ORIENTAÇÃO: Organizando o aprendizado

Seu cérebro é altamente criativo e, por isso mesmo, não gosta de coisas/situações que se prolonguem por muito tempo... Suas aulas são um bom exemplo disso. Você já deve ter percebido que sua grade de disciplinas é bem diversificada por dia e que uma matéria pode até ter horário duplo, mas nunca triplo. Isso acontece porque seu cérebro começaria a ficar cansado (a famosa "estafa" mental), fazendo com que você comece a desanimar e absorver menos o conteúdo, até chegar a zero de absorção.

Quanto mais coisas diferentes você puder fornecer a ele, melhor. Seu cérebro é dinâmico, versátil e, por isso, gosta de novidades. Se organizar sua vida de estudos da forma correta, pode chegar a estudar o dia inteiro sem deixar cansadas as suas ideias e – o melhor! – guardando tudo o que está aprendendo.

Na prática, isso significa que você precisa colocar um limite de tempo para a matéria que está estudando e, também, colocar em sequência uma que seja bem diferente da anterior. Vamos falar de cada uma dessas coisas:

Tempo de estudo por matéria: de 30 minutos a 1 hora.

Você ficará somente 30 minutos estudando a matéria se souber que é uma pessoa hiperativa, ou que tenha déficit de atenção; ou, ainda, as duas coisas. Uma pessoa assim não consegue ficar muito tempo concentrado na mesma coisa. Todavia, menos que isso é falta de disciplina e esforço, pode acreditar!

O ideal seria você ficar 1 hora inteira. Nesse tempo, você revisa a matéria vista em sala de aula e pratica os exercícios de fixação (ou parte deles). Não se dedique à mesma disciplina mais tempo do que isso, pois, a partir de 60 minutos sobre o mesmo assunto, sua atenção começa a ser outra e seu cérebro não guardará o conteúdo com a mesma qualidade.

Alternar as disciplinas de modo que fiquem bem diversificadas.

Como seu cérebro é criativo e curioso, ele captará bem melhor o conteúdo que você está estudando se colocar uma matéria bem diferente em sequência da que você estava estudando antes. Quando age assim, você passa a usar "outra parte" do cérebro, deixando a anterior "descansar". O que não acontece quando se estuda uma mesma matéria horas seguidas – isso verdadeiramente gera exaustão cognitiva, pois você força sua cabeça a ficar numa mesma coisa mais tempo do que é justo.

Para que você visualize o que acabei de falar, vou montar uma grade de estudos para que lhe sirva como exemplo. Você irá adaptá-la a sua realidade, certo?

Vamos supor que você estudará de segunda a sábado, durante cinco horas (estou considerando que você ainda seja um aluno que cursa a escola). Assim, você dividiria suas horas da seguinte maneira:

|    | SEGUNDA    | TERÇA     | QUARTA    | QUINTA   | SEXTA      | SÁBADO    |
|----|------------|-----------|-----------|----------|------------|-----------|
| 1ª | Redação    | Línguas   | Física    | Literatura | Matemática | Química   |
| 2ª | Física     | Química   | Gramática | Biologia | Gramática  | Línguas   |
| 3ª | História   | Geografia | Matemática | Línguas | Redação    | Geografia |
| 4ª | Matemática | Biologia  | História  | Química  | História   | Biologia  |
| 5ª | Gramática  | Literatura | Redação  | Geografia | Física    | Literatura |

Por que ficaria assim?

Vamos entender: a separação dever ser feita por conta das matérias afins, ou seja, das disciplinas de campos de conhecimento equivalentes. Isso significa que, por grupo de mesma área, estas estariam assim separadas:

**Campo 1** = Física, Química, Matemática e Biologia.
**Campo 2** = Geografia, História e Literatura.
**Campo 3** = Gramática e Línguas Estrangeiras.
**Campo 4** = Redação.

Se em sua escola houver as disciplinas de Sociologia, Filosofia e Artes, você poderá acrescentá-las ao **Campo 2** e recriar sua programação de estudos, incluindo-as.

Observe bem o quadro e perceba que matérias do mesmo campo de conhecimento não fazem sequência de uma a outra, pois isso deixa o cérebro mais interessado no conteúdo e o "relaxa" na parte em que ele esteve trabalhando tanto, minutos antes.

Outra coisa a ser observada é quanto às matérias em que você possui mais dificuldade e aquelas que você domina mais. Sempre separe pelos menos um horário por semana para revisar suas disciplinas preferidas e fazer as tarefas delas, pois isso deixará sua memória sempre viva quanto ao conteúdo; todavia, separe mais horas para se dedicar às matérias em que você tem mais dificuldade. Sei que você leu sobre minhas primeiras derrotas quando prestei vestibular e como teimei em deixar a Química me derrubar por duas vezes... Não faça isso! Eu precisei ser reprovado duas vezes antes de aprender, mas você pode aprender agora, de cara!

Não coloquei sugestão de horário no domingo, mas isso é por sua conta! Se você quiser se dedicar mais e possui o domingo para isso, manda ver!

Outra coisa seria separar o dia inteiro para estudar. Você pode fazer isso, sem problemas. O segredo está em fazer seguindo a dica de sequência e tempo que acabo de lhe dar. Assim, não tem erro!

E, por fim, é importante deixar dez minutinhos de descanso entre uma matéria e outra – o que pode parecer uma perda de tempo acaba sendo um grande relaxamento cerebral para que ele se prepare para dar uma nova partida rumo a outro conhecimento. Levante-se, vá tomar um copo d'água, faça uma prece rápida, rabisque sonhos e metas em um papel etc. Faça algo que não tenha a ver com o que você estava estudando e, dez minutos depois, abra seus cadernos e livros na matéria seguinte.

## 4ª ORIENTAÇÃO: Como evitar o "branco" na hora da prova?

Quando prestei o vestibular pela primeira vez, fui tomado por um pânico avassalador. Com um medo que não conseguia controlar, comecei a suar frio, senti o coração acelerar e, como que possuído por uma coisa ruim, olhei para a prova e não entendi sequer o que estava escrito nos textos. Vivenciei o famoso e tão temido "branco". Sim, deu "branco"! Tudo o que houvera estudado com tanto empenho e persistência simplesmente não estava mais ali, na minha cabeça. E quando percebi isso, os sintomas aumentaram ainda mais, provocando, inclusive, uma terrível sensação de desmaio e enjoo, à medida que os minutos se passavam e eu não conseguia responder a nada!

Então, após vários minutos assim e quase pronto a desistir e ir embora, dei-me conta de que o problema, na verdade, não existia; entendi, ao conversar comigo mesmo, que não havia qualquer razão para tanto nervosismo e que eu estava prejudicando tudo pelo que tivera trabalhado. Naquele momento, pisquei com intensidade, parei, olhei para os lados e me convenci da verdade: eu somente estava sentado em uma sala, com várias outras pessoas, num lugar seguro, arejado e com um tempo considerável para fazer algo que eu queria fazer. Só isso! Além do mais, se eu não passasse, poderia tentar quantas vezes quisesse, pois nada poderia me impedir de continuar tentando. Respirei fundo, chegando a sorrir da situação e, acredite, essa foi a mágica que colocou fim ao medo que estava me controlando, pois tudo o que estudara com tanta dedicação começou a reaparecer em minha mente, e os tantos textos da prova começaram a ficar legíveis e compreensíveis! Sim, foi desse jeito mesmo!

A verdade é que, quando ficamos relaxados, nossas amígdalas entendem que estamos numa situação confortável e, então, podemos usar todo o conhecimento adquirido e sentir todas as boas emoções que trazemos acumuladas ao longo dos anos. Todavia, se provocamos o medo ou deixamos o pânico nos dominar, elas procuram nos trazer o instinto de sobrevivência e, consequentemente, a vontade e a força para fugir do lugar – coração acelera, suamos de tensão e começamos a querer correr dali –, sem sequer darmos lugar para outra coisa, como, por exemplo, pensar em cálculos matemáticos ou nos principais acontecimentos que precederam a Revolução Francesa!

Vamos, então, aos passos que você deve seguir para fazer uma prova (escolar, Enem, vestibular ou concurso) de forma adequada e com postura de vencedor:

▶ **1º Passo** = Reavalie sua vida muito antes de ir para a prova e perceba os medos que o prejudicam.
▶ **2º Passo** = Reorganize suas emoções, pois elas são decisões e atitudes primordiais para que possa persistir na caminhada rumo a seus sonhos.
▶ **3º Passo** = Entenda que, na hora da prova, você precisa ficar atento e relaxado, então, faça com que "suas queridas amígdalas entendam" que você está vivenciando um momento importante, mas, também, totalmente isento de perigo – que, por exemplo, não há uma onça pintada ou um bandido armado querendo lhe pegar! Fixe a concentração no propósito do momento, reeducando suas emoções e colocando as amígdalas para trabalharem do modo certo, ou seja, a seu favor. Olhe ao redor, respire fundo e sorria!

Além dos passos acima, é importante que, no dia da prova, você siga as dicas a seguir:

Tenha uma boa noite de sono, pois isso ajudará sua concentração para a leitura de longos textos e de cálculos difíceis.

Faça um almoço leve, para que sua digestão não seja demorada e, com isso, você não sinta sono na hora da prova.

Leve um doce – um chocolate ou uma rapadura – para comer durante a prova, pois a glicose ajuda a repor sua energia cerebral, melhorando seu humor e sua concentração.

Beba água sempre que começar a sentir sede, pois, como seu cérebro é composto por 77% de água, a falta dela prejudicará seu rendimento e poderá impedir que as informações cheguem a você na hora certa.

Siga essas orientações, cada um dos passos ensinados e guarde as dicas. Obedecendo a tudo isso, você perceberá o quanto irá render em seus estudos e em seu caminho de conquistas. Esses ensinamentos o ajudarão a alcançar seus objetivos, a torná-lo um vencedor!

Tenha as histórias deste livro como inspiração para

a sua vida. Aprenda com os vencedores e se dedique a ser um conquistador, alguém que ninguém consegue diminuir, aquele que nunca desiste dos próprios sonhos. Lembre-se dos nomes que conheceu um pouco melhor nestas páginas e guarde em seu coração o quanto cada um deles lutou para ser alguém melhor, para chegar aonde chegou – sendo que todos eles vieram de situação de pobreza e/ou muita dificuldade, mas venceram!

Também, tenha as orientações de estudos como técnicas que o ajudarão a aprender e a guardar o que estudou, tornando-o um aluno exemplar, um estudante que não admite ser derrotado, um indivíduo que se destaca.

Eu torço por você e quero que consiga tudo aquilo com o que sonha! Foi para você que escrevi esta obra – compartilhando momentos tão íntimos da minha vida –, porque eu sei do que é capaz e sei o quanto teremos um mundo melhor se você não desistir de tudo isso que passa em seu coração.

Vamos, vamos juntos para a vitória! **Bora vencer!**